________________________ 드림

서울대 공부의 신 김지석의

대박타점
공부법

서울대 공부의 신 김지석의

대박타점 공부법

초판 1쇄 발행 2012년 4월 16일
초판 3쇄 발행 2015년 7월 16일

지은이 김지석

발행인 장상진
발행처 경향미디어
등록번호 제313-2002-477호
등록일자 2002년 1월 31일

주소 서울시 영등포구 양평동 2가 37-1번지 동아프라임밸리 507호
전화 1644-5613 | **팩스** 02) 304-5613

저작권자 ⓒ 2012 김지석

ISBN 978-89-6518-055-5 13370

· 값은 표지에 있습니다.
· 파본은 구입하신 서점에서 바꿔드립니다.

경향에 듀는 경향미디어의 자녀교육 전문 브랜드입니다.

공신닷컴 누적 조회수 100만, 서울대 공부의 신 김지석의 공부법 필살기

| 김지석 지음 |

경향에듀

contents

공신들의 공신 김지석!
그의 대박타점 공부법을 보고 후배 공신이 된 이들의 추천사!

처절할 정도로 공부했던 3년. 하지만 성적은 늘 제자리였고 고3 7월 모의고사 수리 4등급, 모든 과목을 합쳐 봐야 서울에 있는 4년제 대학을 겨우 갈 수 있는 성적이었습니다. 수능이 3개월 남았던 그때 '절망'이라는 단어의 의미를 온몸으로 알게 되었을 때 지석 선배의 강의를 우연히 보게 되었고 제 인생은 완전히 바뀌게 되었습니다. 선배가 알려 준 방법대로 3개월 동안 성실히 공부했고 09년 수능 언수외, 과탐 세 과목 모두 1등급을 받아 서울대에 정시로 입학했습니다. 누구보다 열심히 하는데도 성적이 오르지 않는다면 방법이 잘못된 것입니다. 이 책의 공부법을 믿고 따라 한다면 반드시 성적은 오를 것입니다. 설사 지금 수능 1주일이 남았다

해도 말입니다. 저의 3개월의 기적이 절박한 많은 고3 학생들에게 희망이 되었다면 이제 여러분이 이 책을 읽고 또 다른 기적을 만들어 내 더 많은 학생들에게 희망을 줄 때입니다.

– 서울대 수의예과 09학번 강수진(공신 4기)

지석 선배의 '대박타점'은 개인의 학습 수준이나 상황에 관련 없이 '학생'이라면 누구에게나 통하는 학습법을 제시하는, 이름 그대로 '대박' 그 자체다. 고등학생 시절에 지석 선배의 대박타점을 만났기 때문에 공부를 대하는 올바른 마음가짐과 태도를 갖추게 되었을 뿐만 아니라 제한된 학습 시간을 200% 활용할 수 있게 되었다.

– 서울대 영어영문과 10학번 문가영(공신 6기)

고등학교 3학년, 코앞에 수능을 앞두고도 요동을 치던 저의 수학 공부에 계단을 만들어 준 지석 오빠에게 감사드립니다. ^^ 공부엔 다 순서와 요령이 있는 법! 닥치는 대로 문제만 풀다 공신닷컴을 발견했을 때 그리고 지석 오빠의 칼럼들을 발견했을 때 왜 진작 찾아보지 못했나 후회했었어요. 가능한 한 많은 학생들이 보다 일찍 이 책을 접하고 똑똑하게(!) 공부하길 바랍니다.

– 서울대 디자인학부 10학번 문혜진(공신 6기)

고2 때 그토록 수리 공부를 열심히 했음에도 불구하고 매번 시험에선 실망스러운 점수가 나와 좌절했었는데, 지푸라기라도 잡는 심정으로 대박타점 강의를 듣고 그대로 시행한 결과 수능 때는 한 개 틀린 것으로 선방할 수 있었습니다. 특히나 안 풀리던 정석 문제로 씨름하던 걸 과감하게 날려버리고 교과서로 차근차근 개념을 다져서 시간도 절약하고 점수도 상승시키는 일석이조의 효과를 거둘 수 있었습니다. 수리 70점대에서 96점으로 마침표를 찍게 해준 가장 큰 원동력! 바로 저에겐 대박타점이라는 비결이 있었습니다. 이제 독자 여러분들에게도 이 책이 크나큰 비결이 되어줄 것이라 믿습니다.^^ 모두들 대박 나시길 진심으로 기원합니다.

ー 서울대 간호학과 10학번 신정원(공신 7기)

　수험 생활을 성공적으로 마친 이들의 경험담을 다룬 책들은 시중에 이미 많이 나와 있었다. 하지만 많은 책들이 저자의 공부법을 피상적으로 나열하는 것 이상으로는 더 나아가지 못했던 것이 사실이다. 이러한 맥락에서 보건대 김지석 공신의 책은 매우 구체적이며 솔직하다. 이 책에는 성공적인 수험 생활을 위해 반드시 거쳐야 할 필수적인 학습 방법뿐만 아니라 다년간의 멘토링 경험을 통해 저자가 터득한 효과적인 학습 방법이 다양하게 제시되어 있다. 만약 당신이 효과적인 학습 방법을 찾고 있는 수험생이라면 이 책이 당신의 계획을 명확하게 해 줄 훌륭한 자양분이 될 것이라 확신한다.

공신닷컴 최다 조회, 댓글, 추천 3관왕 김지석 공신. 그 명성은 괜히 얻어진 것이 아니다. 6년을 함께한 공신에서 지석이 형만큼 공부법을 쉽고 명쾌하게 설명하는 사람을 보지 못했다. 100% 납득할 수밖에 없는 공부법을 내세운 대박타점을 읽고 나면 당신은 대한민국에서 가장 효율적으로 공부하고 있는 자신을 발견하게 될 것이다. 학생 시절 대박타점으로 성적 상승의 관문을 통과했던 한 학생으로서 과감하게 추천하는 바이다.

고등학교에 입학한 나는 '내가 공부하는 방법이 과연 옳은가'에 대한 물음들을 던지곤 했지만 시원한 해답을 찾기 어려웠다. 그런 미심쩍은 마음을 가지고도 그저 내가 해 오던 방법만을 반복할 뿐이었다. 그러던 중에 지석 선배의 대박타점이라는 강연회에 가게 됐고 그곳에서 수능의 각 영역을 접근하는 기본적 공부 방법과 공부 순서에 대해 조언을 얻을 수 있었다. 나는 그 강연을 통해 내가 잘못해 왔던 것들이 무엇인지 파악할 수 있었고 나의 기존 방법들을 보완하며 확신 있는 학습을 해 나가기 시작했다. 그리고 그런 학습을 기반으로 대입에 전력을 다하여 결국에는 서울대, 연세대, 고려대에 모두 합격하는 쾌거를 이뤄 낼 수 있었다. 나는 대학에 다니는 지금도 가끔씩 '그때 그 강연을 듣지 못했다면 어떻게 됐을까?' 하는 생각을 하기도 한다. 그만큼 지석 선배의 공부법은 나에게 확실한 터닝 포인트를 제공했다고 해도 과언이 아니다. 이제는 이 공부법이 책을 통해 널리 알려져 많은 후배들의 터닝 포인트가 되기를 기원해 본다.

– 서울대 수의예과 11학번 김민우(공신 9기)

게으른 토끼와 부지런한 거북이가 달리기를 할 때 그 승자는 누구나 알다시피 거북이입니다. 그러나 거북이가 가야 하는 길을 몰랐다면 과연 이길 수 있었을까요? 제가 바로 부지런하지만 가야 할 길을 몰랐던 거북이였습니다. 정말 누구보다 열심히 공부했습니다. 그러나 공부의 양이 많아 보이지는 않지만 공부 방법을 알았던 친구에게 항상 성적이 뒤처져 있었습니다. 그러던 사이 어느새 열등감은 제 온몸을 휘감았고 그것을 떨치기 위해 찾았던 사람이 바로 이 책의 저자 김지석 공신입니다. 더 이상 계산 실수를 하고 싶지 않다면, 수학 공부의 정말 기본이 되는 엑기스 방법을 알고 싶다면 저는 주저 없이 김지석 공신의 책을 추천합니다. 모쪼록 많은 학생들이 이 책을 보고 많은 도움 얻었으면 좋겠습니다.

– 서남대 의예과 11학번 문한빛(공신 10기)

김지석 공신이 알려 주는 수능 대박의 비결! 전교 1등이 말하는 '교과서로 공부했어요'에 대한 명쾌한 해석까지! 저 같은 수포자도 공신이 될 수 있었습니다. 정말 많은 도움받았고 감사합니다. 이제 여러분이 공신이 될 차례입니다.

– 고려대 컴퓨터통신공학부 12학번 이용재(공신 11기)

고등학교 수험생 시절 공부를 할 때마다 내가 하고 있는 방법이 옳은지, 앞으로 무엇을 해야 하는지 고민할 때가 많았습니다. 그럴 때마다 김지석 공신님의 대박타점은 저에게 올바른 방법과 태도를 알려 주는 좋은 길잡이였습니다. 이 책은 수험생 시절 저처럼 고민하는 많은 학생들에게 옆에서 친절하게 조언해 주는 멘토가 될 거라 믿습니다.

– 서울대 인문학부 12학번 석민창(공신 11기)

대박타점(大博打點)이란?

안녕하세요?

저는 서울대학교 수학교육과에 재학 중이고 공신으로 활동하고 있는 김지석입니다.

대부분의 공부법 책이 읽기엔 좋아도 실천하기엔 막막합니다. 저자들이 자신들만의 특수한 성공 경험담을 얘기했을 뿐 당신이 결국 어떻게 해야 하는지 그 방법은 제시하지 않았기 때문입니다. 또한 '명확한 목표를 세워라, 계획을 철저히 지켜라'와 같이 뻔하고 막연한 얘기만 하기 때문입니다.

이 책은 저의 성공 경험담이 아닙니다. 또한 뻔하고 막연한 조언도 아닙니다. 저는 제 얘기가 아니라 당신의 얘기를 할 겁니다. 당신이 대박을 터트릴 수 있는 실질적인 방법과 작전을 알려 드릴 겁니다. 이미 수많은 학생들이 실천하여 경이로운 대박을 이루어 냈습니다.

3월 성적이 수능까지 갑니다. 아무리 열심히 공부해도 성적이 제자리입니다. 공부를 하기는 하는데 효과가 없는 공부를 하기 때문입니다. 대부분 경악스러울 정도로 잘못된 방법으로 공부하고 있습니다. 이 책에서 효과 없는 공부와 효과 있는 공부의 차이점이 무엇인지 확실하게 알려 드리겠습니다. 대박에 이르는 길, 대박을 터트리는 필살기, 즉 대박타점(大博打點)이 무엇인지 알려 드리겠습니다.

chapter 01

대박타점 수학 공부법

"선행학습을 해도 성적이 오르지 않는 이유는?"

어떻게 공부하고 있니?

수학 선행학습 때문에 고민이 많을 겁니다. 선행학습을 안 하면 뒤처지는 것 같습니다. 그래서 선행학습을 하기는 하는데 그래도 뒤처지는 느낌은 어쩔 수 없습니다. 선행학습을 해도 수학은 여전히 어려운 것 같고 시험 결과도 좋지가 않습니다. 제가 많은 학생들을 관찰해 보고 다음과 같은 사실을 알게 됐습니다.

중1 때는 중2 과정을 미리 공부하느라 충분히 공부하지 못해 시험을 못 보고,

중2 때는 중3 과정을 미리 공부하느라 충분히 공부하지 못해 시험을 못 보고,

중3 때는 고1 과정을 미리 공부하느라 충분히 공부하지 못해 시험을 못 보고,

고1 때는 고2 과정을 미리 공부하느라 충분히 공부하지 못해 시험을 못 본다.

선행학습, 과연 해야 할까요? 언뜻 생각하기에는 '선행학습으로 나중에 배울 것을 미리 공부해야 나중에 공부하기 편해지겠지' 할 것입니다. 하지만 다시 한 번 잘 생각해 보세요. 나중에 배울 것을 미리 공부하느라 지금 당장 시험 보는 데 필요한 공부를 못하고 있지는 않나요?

한번 따져볼까?

제가 선행학습을 하는 학생과 선행학습을 하지 않는 학생을 비교하며 연구해 봤습니다. 그 결과 놀라운 사실을 알게 됐습니다. 3월에 새 학기가 시작됐을 때 두 학생이 기말고사 준비를 어떻게 하는지 한번 볼까요? 먼저 선행학습을 하는 학생이 공부하는 걸 살펴보겠습니다.

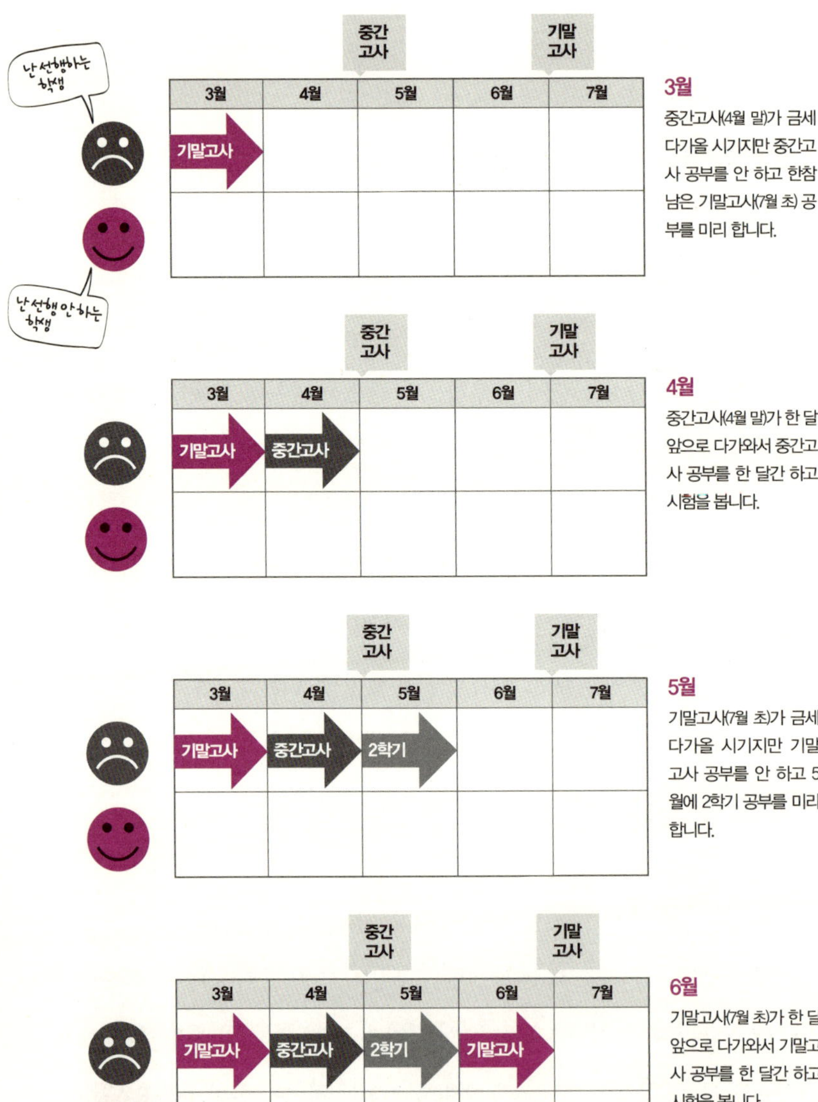

3월

중간고사(4월 말)가 금세 다가올 시기지만 중간고사 공부를 안 하고 한참 남은 기말고사(7월 초) 공부를 미리 합니다.

4월

중간고사(4월 말)가 한 달 앞으로 다가와서 중간고사 공부를 한 달간 하고 시험을 봅니다.

5월

기말고사(7월 초)가 금세 다가올 시기지만 기말고사 공부를 안 하고 5월에 2학기 공부를 미리 합니다.

6월

기말고사(7월 초)가 한 달 앞으로 다가와서 기말고사 공부를 한 달간 하고 시험을 봅니다.

결국 선행학습을 하는 학생이 기말고사 공부를 하는 건 3월과 6월 두 달이네요. 그럼 이제 선행학습을 하지 않는 학생이 공부하는 걸 살펴보겠습니다.

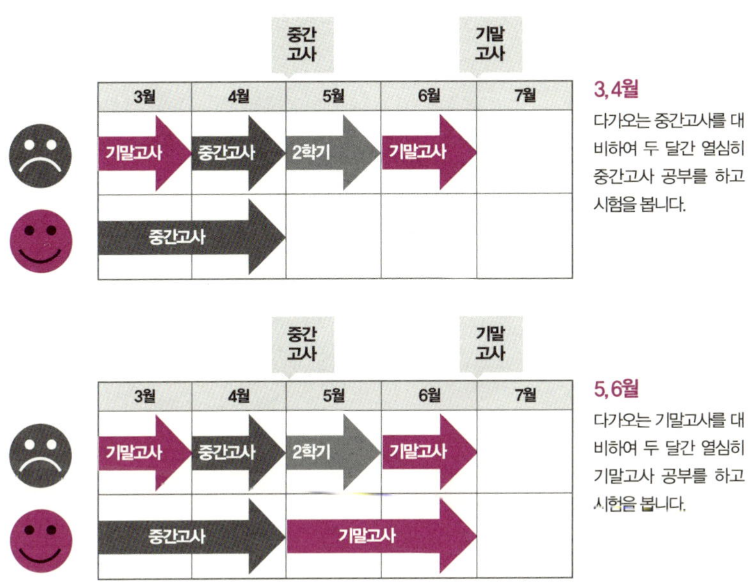

여기서 놀라운 점은 선행학습을 하는 학생과 선행학습을 하지 않는 학생이 기말고사를 준비하는 시간이 똑같다는 겁니다.

선행학습을 하든 안 하든 공부한 시간은 똑같습니다. 공부하는 순서가 다를 뿐이지요. 나중에 할 것과 지금 할 것의 순서를 뒤바꾼 것뿐입니다. 선행학습을 하느라 공부 시간을 3, 6월로 분산시킬 바에는 선행학습을 하지 말고 공부 시간을 5, 6월로 집중시키는 게 더 유리합니다. 공부 시간을 3, 6월로 분산시키면,

1. 3월에 공부하기가 어렵다

진도 앞부분인 중간고사 범위를 제대로 공부한 다음에 뒷부분인 기말고사 범위를 공부해야 쉽습니다. 중간고사 기간이 4월 말이라고 했을 때 아직 중간고사를 보지도 않은 3월에 기말고사 범위를 공부하려면 어려울 수밖에 없습니다.

2. 6월에 공부 효율이 떨어진다

3월에 기말고사 범위를 공부하다가 4, 5월에 다른 범위를 공부한 뒤 6월에 다시 기말고사 범위를 공부할 때 3월에 기말고사 범위를 공부한 것이 기억이 잘 안 나서 효율이 떨어집니다.

이게 바로 대박타점!

'선행학습을 해도 수학은 하기 힘들다'는 잘못된 통념입니다. '선행학습

을 하니까 수학을 하기 힘들다'가 숨겨진 진실입니다. 수학은 절대 선행학습하기 좋은 과목이 아닙니다. 수학은 진도에 따라 공부할 내용이 전혀 다르기 때문에 선행학습을 지나치게 하면 당장 공부해야 할 것과 전혀 다른 걸 공부하게 됩니다. 나중 것을 미리 공부하려다 보면 어렵기만 하고 스트레스는 많이 받고 시간은 오래 걸리고 실력은 늘지 않습니다. 나중에 볼 시험공부를 지금 하려니 당연히 지금 공부해야 할 수학을 못할 수밖에요.

📖 수학 선행학습을 그만둬서 우등생이 된 한 멘티의 사례

몇 년 전 중학교 3학년인 이종훈(가명)군을 여름 방학에 멘토링한 적이 있습니다. 종훈이는 내신 평균 점수가 70점대 초반이 나오는 중위권~중상위권 학생이었습니다. 멘토링을 한 지 약 10분, 저는 깜짝 놀랐습니다. 종훈이는 특별히 공부를 잘하는 편이 아니었는데도 1~2년 뒤에나 할 고등학교 수학을 학원에서 미리 공부하고 있었습니다. 당연히 종훈이는 학원 수업 내용을 거의 이해하지 못하고 있었고 문제 풀이 방법 몇 가지만 외우고 기계적으로 계산을 하고 있었습니다. 저는 황당해서 종훈이에게 지금 다니고 있는 모든 학원에 가지 말라고 했습니다. 종훈이가 말하더군요.

"학원 등록한 지 1주일밖에 안됐는데 돈이 너무 아깝잖아요."

제가 대답했습니다.

"야, 돈 날린 것도 아까워 죽겠는데 시간도 세트로 날려 줘야 되겠냐."

저는 여름 방학 동안 종훈이가 선행학습을 못하게 하고 2학기 중간고사 범위만 공부하도록 계획을 짜 줬습니다. 종훈이는 선행학습을 안 해서 불안해했지만 그래도 제가 세워 준 계획대로 확실히 공부했습니다. 2학기 중간고사가 끝난 뒤 종훈에게서 연락이 왔습니다. 종훈이는 평균 90점대 초반이 나왔다고 했습니다. 평균 점수가 20점이나 올라 최상위권이 된 것입니다. 종훈이네 집은 경사가 났고 주위 사람들 모두 깜짝 놀랐습니다.

"김지석 공신이 대단하긴 하구나!"

전혀 대단하지 않습니다. 대부분의 학생들이 선행학습만 잔뜩 하다가 중간고사 보기 한 달 전부터 시험을 대비하는 공부를 시작하지만 종훈이는 여름 방학 때부터 시작했으니 남들보다 세 배는 더 많은 시간을 투자한 것입니다. 그러니 시험을 잘 볼 수밖에 없죠. 중간고사를 앞두고 다음 학년 것을 공부하는 학생은 당연히 종훈이보다 수학을 못할 수밖에 없었던 거죠.

선행학습을 굳이 할 필요가 없습니다. 당장 볼 시험에 최선을 다해서 모든 시험을 하나하나 잘 보면 됩니다. 앞서 가는 친구들 때문에 너무 초조해할 것 없습니다. 진도가 앞서는 게 중요한 것이 아니라 성적이 앞서는 게 중요하니까요. 어차피 6년(중학교 3년, 고등학교 3년) 동안 공부해야 할 것을 6년 동안 공부하는 것은 똑같습니다. 수학 선행학습에 대한 필요성은 사교육 업계에서 만들어 낸 환상입니다. 학생들과 학부모들의 경쟁 심리를 부추겨 더 많은 사교육을 하게 만드는 거지요. 언뜻 보기엔 선행학습을 해야 유리할 것 같지만 그렇지 않습니다. 수학을 잘해 보겠다고 선행학습을 하는 것이 오히려 수학 실력을 떨어트립니다. 수학을 어렵고 힘들어하는 대표적인 요인이 바로 선행학습 때문입니다.

그렇다면 수학 선행학습은 아예 하지 말아야 하는가?

물론 선행학습이 악영향만 주는 건 아닙니다. 선행학습을 해 두면 학교 수업 듣기가 수월합니다. 그러니 선행학습은 수업 듣기 편하도록 방학 때 한 학기 분량만 하면 됩니다. 선행학습이라기보다는 예습한다는 느낌으로 공부 계획을 세우세요.

수학은 결코 선행학습하기 좋은 과목이 아닙니다. 진도에 따라 공부할 내용이 완전히 달라지기 때문이지요. 반면에 영어나 수능 언어영역은 선행학습을 하면 좋습니다. 영어와 언어영역은 진도와 상관없이 공부할 수 있는 과목이기 때문입니다. 이것이 입시에서 유리하게 작용합니다.

예를 들어 볼게요. 성실히 공부하는 두 학생 지석이와 석공이가 고3이 됐다고 해 보죠. 지석이는 고1 때까지 수리영역(수학)과 탐구영역(사회·과학)을 선행학습했고 석공이는 언어영역(국어)과 외국어영역(영어)을 선행학습해 뒀습니다. 그런데 수리영역과 탐구영역은 고1 때까지 아무리 미리 공부해 둬도 고3 최상위권 수준까지 올라가기가 힘듭니다. 반면에 언어영역과 외국어영역은 열심히 하면 고1 때 고3 최상위권 수준으로 올라갈 수 있습니다. 게다가 언어영역과 외국어영역 실력은 한번 쌓이면 공부를 별로 하지 않아도 떨어지지 않습니다. 결국 고3이 되어서 수리영역과 탐구영역을 미리 해 둔 지석이는 수리, 탐구, 언어, 외국어영역 네 과목을 공부해야 하지만 언어영역과 외국어영역을 미리 공부해 둔 석공이는 수리, 탐구영역 두 과목만 공부하면 됩니다. 즉, 언어영역과 외국어영역을 선행학습해 둔 석공이가 훨씬 유리합니다.

　수학을 선행학습해도 되는 학생은 다음과 같은 학생입니다. 지금 배우는 수학을 완벽히 다 익혀서 더 이상 할 것이 없다. 게다가 영어와 국어 실력이 최고다. 그리고 경시대회에서 상을 타고자 한다(한마디로 나는 천재다). 이런 학생이 아니라면 구태여 수학 선행학습을 할 필요가 없습니다. 저도 수학 선행학습을 하지 않았습니다. 수학 선행학습을 하지 않더라도 얼마든지 좋은 대학에 갈 수 있습니다.

"이제 와서 기초 공부를 할 순 없잖아요?"

어떻게 공부하고 있니?

'지금부터 기초 하면 늦다' 이런 생각이 고2, 3 학생들에게 뿌리박혀 있는 것 같습니다. 앞으로 해야 할 공부가 너무나 많고 남들 쫓아가기도 바쁜데 이제 와서 기초 공부를 하자니 뒤처지는 것 같고 지금 뒤처지면 못 따라잡을 것 같은 기분이 듭니다. 이 시기쯤이면 문제 풀이를 시작해야 할 것 같은 압박감이 듭니다. 그렇다고 기초를 안 하자니 문제를 풀 때마다 어렵고 해설을 봐도 납득이 잘 안되고 이해 안 가는 걸 '그냥 그런 건가 보다' 하고 외웁니다. 시간만 잔뜩 잡아먹고 스트레스는 스트레스대로 받으면서 실력은 늘지 않습니다. 아무리 공부해도 밑 빠진 독에 물 실컷 붓는 기분밖에 안 듭니다.

한번 따져 볼까?

그래서 기초에 따로 시간을 투자하지 않고 문제를 풀면서 기초가 부족한 부분만 틈틈이 보충하려고 합니다. 이렇게 공부하면 적은 시간을 투자하고도 기초를 다질 수 있다고 생각하는 거지요. 그러나 부족한 부분만 골라서 공부한다는 게 쉽지 않습니다. 우선 기초가 부족한 부분이 책 어디에 나와 있는지 찾는 데 시간이 걸리고 찾았다 하더라도 전체적인 맥락을 모른 채 그 부분만 공부하려니 이해가 잘 안되고 이해를 해도 시간이 오래 걸리는 데에다 단편적으로 공부한 것이어서 적용을 잘 못합니다. 문제 풀이를 하면서 기초가 부족한 부분만 틈틈이 보충하는 게 시간이 덜 걸릴 것 같겠지만 오히려 시간이 더 많이 걸립니다.

'지금 내 실력보다 몇 단계 어려운 걸 하면 실력이 훌쩍 늘겠지' 하며 기초를 건너뛰는 걸 승부수를 띄우는 거라고 오해하는 경우가 많습니다. 급하다고 계단 열 칸 높이를 한 번에 뛰어오르려는 건 되지도 않거니와 시간만 낭비하는 격입니다.

이게 바로 대박타점!

아예 제대로 시간을 잡고 기초 공부를 집중적으로 하는 게 시간도 적게 걸리고 실력도 쌓입니다. 기초 공부만 제대로 해 놔도 이후에 공부하기가 훨씬 수월해집니다. 스트레스를 덜 받고 어려운 문제가 쉬워지고 해설지에서 이해 안 가는 것이 줄어들고 틀리는 문제가 적어져서 결국엔 시간이 절약됩니다. 시간만 절약되는 게 아니라 실력도 더 늡니다. 먼저 기초 공부를 한 다음에 어려운 것을 해야 소화가 되고 응용을 할 수 있습니다. 이렇게 효율적으로 공부해야 대박을 터트릴 수 있는 거죠. 어려운 거 하느라 머리 쥐어짜지 말고 기초부터 하세요. 어렵게 공부해서 어렵게 성적 올리려 하지 말고 쉽게 공부해서 쉽게 성적 올리세요.

기초는 언제까지 끝내야 하나요?

'그럼 기초는 언제까지 끝내야 하나요?'라고 질문하고 싶은가요? 그렇다면 공부 계획에 대해 잘못 알고 계신 것 같군요. 공부 계획은 농사 계획처럼 시기에 따라 세우는 게 아니라 본인의 상태에 따라 달리 세우는 겁니다. 본인의 상태에 비추어 기초 공부가 한 달이 필요하면 한 달을 투자하고 두 달이 필요하면 두 달을 투자하고 열두 달이 필요하면 열두 달을 투자하세요. 만약 기본 실력이 너무 부족해서 수능 때까지 기초 공부밖에 할 시간이 없다면 기초 공부만 하고 수능 보세요. 기초만 하고 수능 보라는 건 대박을 포기하고 적당히 타협하라는 얘기가 아닙니다. 기초가 돼 있으면 대박은 터질 수 있습니다. 하지만 기초도 없이 아무리 어려운 걸 열심히 해도 쪽박을 면치 못할 것입니다. '몇 월부터는 문제 풀이를 시작해야 한다! 그래야 승산이 있다!'는 학원 강사들의 말을 믿지 마세요. 이 사람들은 정작 중요한 걸 모르고 있습니다. 기초가 돼 있어야 승산이 있습니다. 제가 보증합니다. 기초 공부는 주저앉는 게 아니라 대추격의 신호탄입니다.

(고3들에게) 고1 수학을 다시 정리해야 할까요?

수능을 앞둔 고3 학생들은 고1 수학을 다시 정리해야 할지에 대해 고민이 많을 겁니다. 고1 수학은 수능에 직접 출제되진 않지만 수학Ⅰ, 수학Ⅱ, 미적분, 통계, 기하·벡터 등과 연계되어 간접적으로 출제됩니다. 부정방정식, 산술기하평균, 삼각함수 모두 알아야 합니다. 하지만 고1 때 1년 내내 공부했던 고1 수학을 이제 와서 다시 하자니 부담스러우시죠? 너무 걱정하지 마세요. 고1 수학의 기초만 알면 되지 도사가 될 필요는 없으니까요. 수능 수학을 하는 데 필요한 기초 지식만 갖추면 됩니다. 고1 때는 어려운 문제를 푸느라 시간이 오래 걸렸던 것뿐입니다. 교과서의 기본 개념과 기초 문제만으로 공부하면 금방 마스터할 수 있습니다. 어림잡아 30시간 정도면 됩니다. 주말에만 열심히 하면 다 할 수 있는 양입니다. 이틀이면 정리할 수 있는 것을 안 해서 수험 생활 내내 고생하는 일이 없길 바랍니다.

계산 실수를 없애는 필살기

어떻게 공부하고 있니?

전 원래 계산 실수가 심각하게 많았습니다. 공신이 아니라 실신(실수의 신)이었습니다. 그것도 '떡실신'이었습니다. 어느 정도였냐면 시험 볼 때 여섯 문제를 틀리면 네다섯 문제는 계산 실수였습니다. 고3 때 모의고사에 4×4=64로 계산한 적도 있었습니다. 저는 충격과 절망에 빠졌습니다. '구구단을 다시 외워야 하나?' 저는 어쩔 줄 몰라 선생님을 찾아갔습니다.

'선생님, 어떡하면 계산 실수가 줄어들 수 있나요?'라고 묻자 선생님께선 '야, 인마! 정신을 똑바로 차려야지. 집중을 해, 집중!' 하고 말씀하셨습니다. 그런데 이상하게도 문제 풀이에 집중을 하면 할수록 계산 실수가 더 많아졌습니다. 제 성격이 뭐 하나에 집중하면 나머지 것들은 다 빠트리거든요. 예를 들어 오늘 날씨가 황사라고 합시다. 저는 오늘이 황사라는 사실에 집중을 합니다. 그러면 그날은 체육복을 빠트리고 갑니다.

이게 바로 대박타점!

'실수도 실력이다'라는 말이 있죠. 제가 제일 싫어하는 말입니다. 어느 누가 좋아하는 말이겠습니까만 저는 정말 싫어합니다. 하지만 맞는 말이긴 합니다. 그런데 실수도 실력이라면 훈련을 통해서 발전할 수 있습니다. 그럼 어떻게 훈련해야 하느냐? 실수한 걸 전부 수첩에 옮겨 적는 겁니다. 예를 들어 $64=2^6$인데 실수로 $64=2^5$으로 잘못 계산했다면 수첩에 아래처럼 적습니다.

$$64=2^5 \cdots (X) \quad 64=2^6 \cdots (O)$$

이렇게 자신이 실수로 틀린 것을 적고 올바로 된 것을 적습니다. 그리고 이걸 매일 읽는 겁니다. 저는 이런 실수를 대략 200개 정도 적었는데 재미

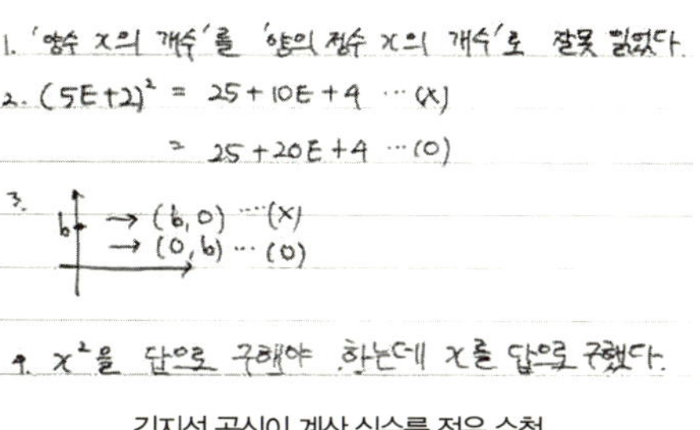

김지석 공신이 계산 실수를 적은 수첩

있는 건 어느 정도 하다 보면 더 이상 적을 게 없어진다는 겁니다. 실수 속에 자기도 몰랐던 패턴이 있기 때문이지요. 패턴을 알면 그 패턴을 끊을 수 있습니다. 나중에는 제가 어디서 실수하게 될지 예측까지 되더군요. 저는 실수를 안 하게 됐습니다. 매일 읽다 보면 한 번 읽는데 10분도 안 걸립니다. 실수를 적어 놓고 읽는 게 시간과 노력이 많이 필요한 일은 아닙니다. 하지만 효과는 엄청납니다. 특히 시험 보기 직전에 읽으면 효과 만점입니다. 제 경우에는 15점 정도 올랐습니다. 이건 수학에만 해당되는 얘기가 아닙니다. 저는 전 과목에 있어서 문제를 풀다 틀리면 수첩에 틀린 이유를 적고 여러 번 읽었습니다. 이것만으로 평균 점수가 10점 정도 올랐습니다. 어려운 문제집을 죽어라 푼다고 해서 성적이 오르리란 보장은 없지만 실수를 차단하면 성적은 무조건 오르게 되어 있습니다. 때론 막대한 노력보다 사소한 습관이 큰 변화를 만듭니다. 이게 바로 대박타점입니다.

응용력을 기르는 필살기

어떻게 공부하고 있니?

"수학은 다양한 문제를 풀어야 응용력이 생겨!"

수학은 기본 개념을 이해해도 응용된 문제를 풀기가 참 어렵습니다. 그래서 '응용력을 기르려면 다양한 문제를 풀어야 해' 하며 이 문제집 저 문제집 닥치는 대로 푸는데 응용력이 잘 길러지던가요? 이상하게 원래 풀수 있는 건 맞고 원래 틀리는 건 계속 틀릴 뿐 실력은 제자리이지 않던가요? 저도 문제집을 여러 권 풀어 봤지만 실력은 그대로더군요. 아무리 여러 문제를 풀어도 응용력이 생기지 않았습니다. 그래서 저는 아예 '여러 가지 문제를 안 풀면 응용력이 생기지 않을까?' 하는 생각까지 하게 됐습니다. 그리고 문제를 조금만 풀어서 대박을 터트렸습니다. 황당하신가요? 여러 문제를 한 번씩 푼다고 해서 응용력이 길러지지는 않습니다. 오히려 한 문제를 여러 번 풀어 봐야 거기서 변형이 되고 응용이 되어도 풀 수 있습니다. 좀 더 자세히 설명해 보겠습니다.

한번 따져 볼까?

서로 변형된 문제 A와 문제 B가 있다고 해 봅시다. 문제 A와 문제 B는 서로 변형된 문제니까 문제 A와 문제 B에는 공통점과 차이점이 있겠지요.

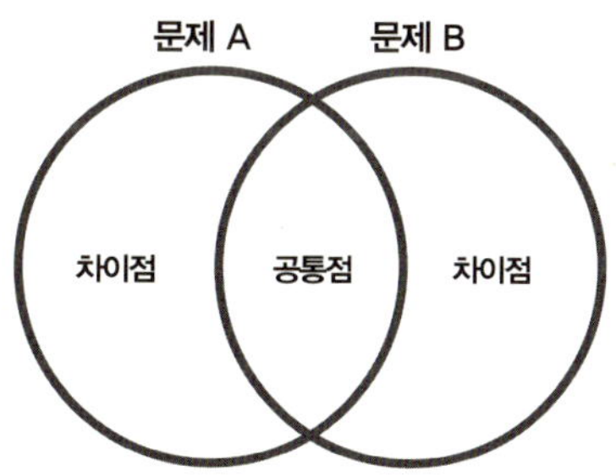

수학 선생님이 문제 A를 수업 시간에 다뤘는데 시험에는 거기서 변형된 문제 B를 출제했다고 해 봅시다. 성실히 공부하는 두 학생 지석이와 석

공이가 이 시험을 봤습니다. 지석이는 여러 문제를 한 번씩 푸는 학생이고 석공이는 한 문제를 여러 번 푸는 학생입니다. 지석이는 문제 A도 한 번만 풀었습니다. 그런 지석이는 시험에서 문제 B를 접했을 때 두 문제의 차이점만 보였습니다.

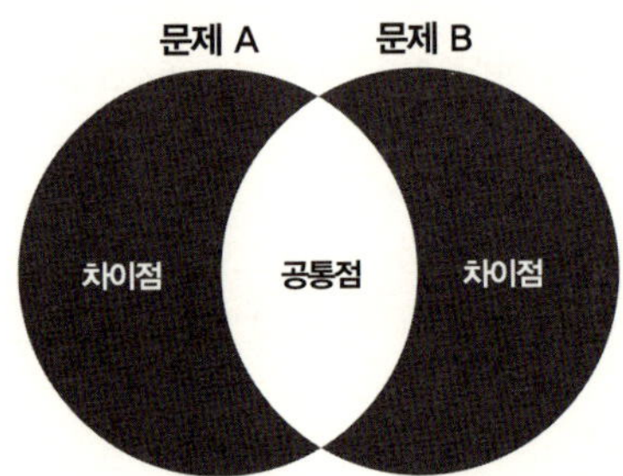

한 번만 풀어 본 경우 : 차이점만 보임

그러면 이렇게 되는 거죠.

"아, 내가 공부한 건 A인데 이렇게 바뀌어 버렸다. 이 부분이 이렇게 바뀌어서 어떻게 해야 할지 모르겠네."

하지만 석공이는 문제 A를 여러 번 반복해서 풀었습니다. 그런 석공이는 시험에서 문제 B를 접했을 때 두 문제의 공통점이 보였습니다.

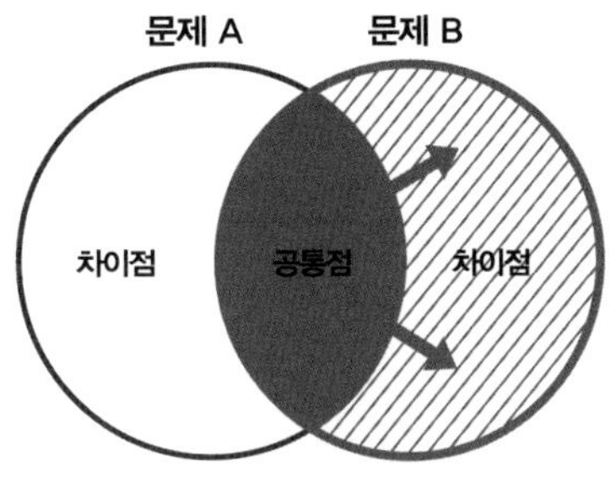

여러 번 풀어 본 경우 : 공통점이 보임

그러면 이렇게 되는 것이지요.

"문제 A가 이렇게 바뀌었지만 두 문제의 공통점, 즉 핵심 원리는 이것이다. 이걸 이용하면 된다."

그리고 그 공통점을 토대로 차이점을 극복해 내 문제를 풀었습니다. 한 문제를 여러 번 공부해서 공통점(핵심)을 찾아내는 것. 이것이 바로 처음 보는 응용 문제를 해결하는 비법입니다. 다음 도표를 볼까요?

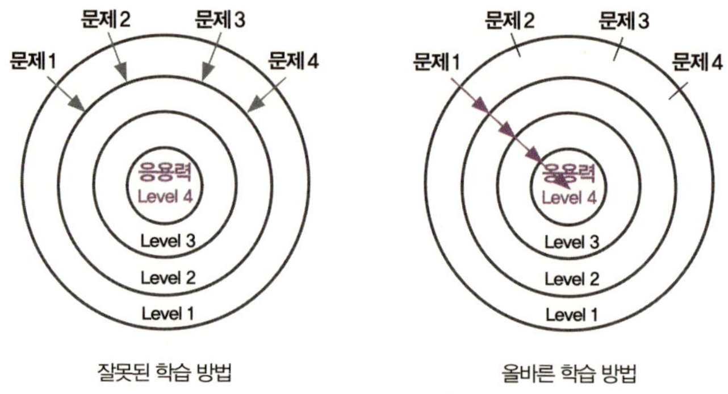

잠못된 학습 방법   올바른 학습 방법

　　왼쪽에 있는 도표대로 지석이처럼 계속 여러 문제를 풀어 봤자 Level 1
에 머물 뿐입니다. 맨날 해설지 보고 '아, 그렇구나!'만 하고 제자리걸음이
지요. 하지만 석공이처럼 한 문제를 한 번 더 보면 아무래도 더 깊게 공부
할 수 있죠(Level 1 → 2). 다시 한 번 복습하면 더 깊어집니다(Level 2 → 3).
'이거 어떻게 풀었더라?' 하면서 풀게 되지요. 그리고 거기서 한 번 더 풀
면 개념과 원리를 완전히 이해하고 풀게 됩니다(Level 3 → 응용력). 그렇게
되고 나면 나머지 문제는 그냥 숫자 바꾸기밖에 안되는 거지요.

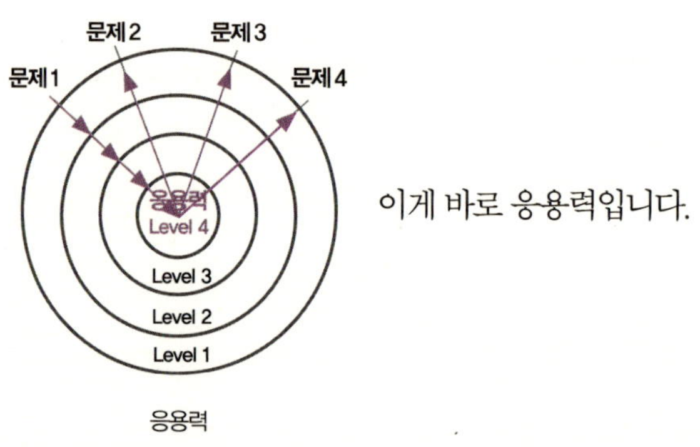

응용력

이게 바로 응용력입니다.

이게 바로 대박타점!

응용력은 여러 문제를 푼다고 길러지지 않는다

여러 문제를 풀려고 하지 마세요. 이 토끼 저 토끼 쫓다가는 아무리 열심히 뛰어도 빈손만 남습니다. 그러지 말고 토끼를 한 마리씩 차근차근 잡아야 합니다. 한 문제라도 제대로 풀어야 실력이 늡니다. 대부분 여러 문제를 풀어 봐야겠다는 일념 아래 틀린 문제를 복습하지 않습니다. 기껏해야 해설지 한 번 읽고 '아, 그렇구나!' 하며 이해하고 넘어가는 정도지요. 이해하고 넘어갔으니 그 문제를 충분히 공부한 거라고 여깁니다. 그리고 여러 문제를 풀면서 '아, 그렇구나!'를 최대한 많이 하면 성적이 오를 거라고 착각합니다. 하지만 생각해 보세요. 해설지를 보고 이해하는 건 누구나 할 수 있습니다. 그러나 누구나 시험을 잘 보는 건 아닙니다. 문제 해실을 이해할 수 있는 것과 문제를 풀 수 있는 건 다릅니다. 틀린 문제를 한 달 뒤에 다시 보면 대부분 절반도 못 풉니다. 1/3도 풀까 말까입니다. 결국 한 번만 풀고 넘어가면 모르는 문제는 계속 모르게 됩니다. 계속 모르니 아무리 공부를 해도 원래 알거나 풀 수 있는 건 맞고 원래 틀리는 건 계속 틀릴 뿐 실력은 제자리인 것입니다. 이렇게 당신의 경쟁자들은 삽질을 하고 있습니다. 시간 낭비일 뿐이지요.

'아, 그렇구나!' 하고 그냥 넘어가지 마세요. 틀린 문제를 집요하게 여러 번 풀어 봄으로써 그 문제를 마스터해야 합니다. 자기가 틀렸던 문제가 세상에서 가장 좋은 문제입니다. 그 문제들이 자신의 약점입니다. 약점을 극복하는 것이 실력이 느는 것이지요. 계속 다른 문제를 풀어 보는 건 자기가 모른다는 사실만 확인하는 일일 뿐입니다. 모르는 걸 확인했으면 그걸 자기 것으로 만들려는 노력이 필요합니다. 문제집을 네 권 푸는 것보다 한 권의 문제집을 네 번 푸는 것이 훨씬 낫습니다.

한 문제집을 여러 번 복습하면 시간이 너무 오래 걸리지 않나요?

한 문제집을 여러 번 복습한 후에 다른 문제집을 푸는 것이 오히려 시간이 절약됩니다. 문제집 한 권을 마스터했던 노하우가 다른 문제집을 쉽게 마스터할 수 있는 노하우가 됩니다. 수학 문제집은 다 비슷비슷합니다. 대부분의 문제 유형이 겹치지요. 문제집 한 권을 마스터하고 나면 다른 문제집에서 막히는 문제가 훨씬 적어지고 틀리는 문제가 훨씬 적어지고 해설지 보는 데 쓰는 시간이 훨씬 적어지고 선생님한테 질문하는 시간이 훨씬 적어집니다. 여러 문제집을 한 번씩 푸는 것보다 한 문제집을 여러 번 푼 다음에 나머지 문제집을 푸는 게 훨씬 빠릅니다. 또한 복습이란 것은 처음 공부했던 그대로 다시 하는 것이 아니라 놓쳤던 개념과 숙달이 안된 문제만 다시 공부하는 것입니다. 한 번씩 더 복습할 때마다 소요되는 시간은 절반씩 줄어듭니다. 책 한 권을 여러 번 복습하는 것이야말로 가장 빨리 공부하는 방법입니다.

진도 빼기 필살기

어떻게 공부하고 있니?

제가 고등학교 2학년 겨울 방학 때의 일입니다. 몇 달만 지나면 고3이 되는 시기죠. 저는 그때 절망에 빠져 있었습니다. 고1 수학을 하나도 모르겠더군요. 내신 준비할 때는 시험 범위가 좁아 그런대로 할 만했지만 수능 준비할 때는 시험 범위가 너무 넓어지니 막막했습니다. '망했다! 하나도 모르겠어. 기억이 안 나!' 참 이상한 일이죠. 옛날엔 내신 준비하면서 열심히 했고 잘할 수 있었는데 왜 다 까먹은 걸까요?

한번 따져 볼까?

보통 진도를 어떻게 나가는지 살펴봅시다. 두꺼운 개념서 한 권 골라서 책에 나온 순서대로 기본 개념을 공부하고 기초 문제, 중간 문제, 심화 문제를 일일이 다 풀고 다음 단원으로 넘어갑니다. 책이 1단원부터 9단원까지 있다면 1단원 기초부터 심화까지 공부하고 2단원 기초부터 심화까지 공부하고 3단원 기초부터 심화까지 공부하고…… 9단원 기초부터 심화까지 공부합니다. 그런데 문제는 9단원 공부할 때쯤이면 몇 달이 지나 있고 앞부분은 다 까먹습니다. 앞부분의 기초적인 지식을 모른 채로 뒷부분을 공부하니 갈수록 이해를 못하게 됩니다. 고1 때 그렇게 열심히 공부해 둔 수학이 고3 때 전혀 기억이 안 납니다.

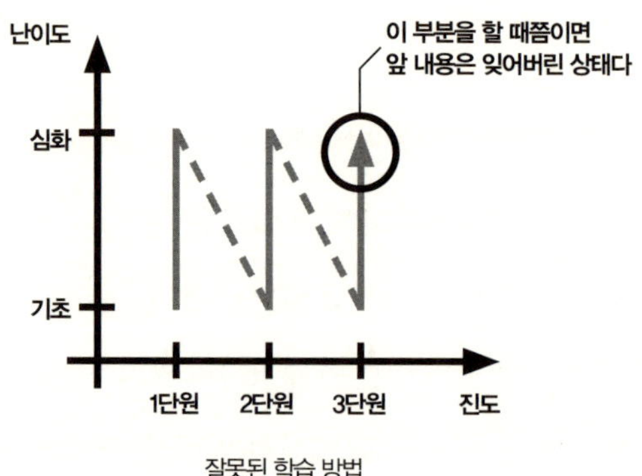

잘못된 학습 방법

아무리 열심히 공부했던 문제인데도 잊어버리니 시험에 나오면 못 풉니다. 책을 여러 번 다시 봐도 새롭고 낯섭니다. 해답을 보면 '아, 그렇구나!' 하는데 계속 '아, 그렇구나!' 해도 도무지 발전이 없습니다. 그저께 먹은 반찬이 무엇인지 잊어버리듯 계속 잊어버립니다. 공부를 해도 남는 게 없습니다. 더 큰 문제는 고3 때라고 해서 변하는 게 없다는 것입니다. 악순환이 반복됩니다. 12월부터 3월까지 진도를 다시 나가도 까먹고 3월부터 6월까지 진도를 다시 나가도 까먹고 6월부터 9월까지 진도를 다시 나가도 까먹습니다. 아무리 공부해도 시험 범위조차 커버해 내지 못합니다. 11월이 수능인데! 그래서 3월 성적이 수능까지 갑니다.

어떡하면 좋을까요? 한참 고민하던 저는 놀라운 발견을 하게 됩니다. 문제의 핵심은 진도 한 번 빼는 데 시간을 너무 많이 소요했다는 것입니다. 책에 나온 순서대로 한 페이지 한 페이지 다 공부하다 보면 책 한 권을 끝내는 데 시간이 너무나 많이 흘러 버리고 공부했던 부분이 기억이 나질 않게 됩니다. 내가 열심히 공부한 게 헛공부가 되어 버립니다. 따라서 진도 빼는 데 시간을 절대 오래 끌어서는 안 되는 것이지요.

이게 바로 대박타점!

여기서 기발한 생각이 떠올랐습니다. 과감히 책에 나온 순서를 무시하는 겁니다. 책에 있는 기본 개념과 기초 문제만 공부하고 중간 문제와 심

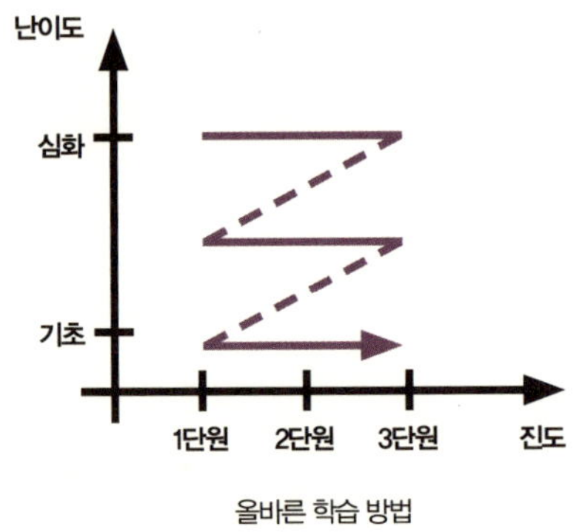

올바른 학습 방법

화 문제를 모두 건너뛰었습니다. 또한 같이 병행하던 보충 문제집을 치워 버렸습니다. 주교재의 기본 개념과 기초 문제만 공부하니 진도를 한 번 빼는 데 시간이 예전에 비해 20% 정도밖에 안 들었습니다. 그러니 교재의 마지막 부분을 공부할 때도 앞부분이 기억나서 쉽게 이해가 됐습니다. 전체적인 흐름이 파악되어 개념을 체계적으로 정리할 수 있었습니다. 성적이 깜짝 놀랄 만큼 올라갔습니다. 예전엔 별로 어렵지 않은 문제도 개념이 기억나질 않아서 잘 틀렸는데 갑자기 모조리 풀 수 있게 됐으니까요. 그다음에 건너뛰었던 중간 문제만 몰아서 공부하고 그다음에 심화 문제만 몰아서 공부했습니다.

기존에 해왔던

(기초+중간+심화)+(기초+중간+심화)+(기초+중간+심화)

방식으로는 진도를 한 번밖에 못 나가지만

제가 제시한

$$\longrightarrow \qquad \longrightarrow \qquad \longrightarrow$$

(기초+기초+기초)+(중간+중간+중간)+(심화+심화+심화)

방식으로는 진도를 세 번 나갈 수 있습니다.

공부하는 순서만 바꿔도 효율은 비약적으로 상승합니다. 이게 바로 대박

타점이죠!

진도 빼기 필살기 적용 예시

다음은 고등학교 2학년 때 배우는 수학 I 교재의 목차입니다.

Ⅰ. 행렬	Ⅱ. 지수	Ⅲ. 로그
· 개념과 예제	· 개념과 예제	· 개념과 예제
· 연습 문제	· 연습 문제	· 연습 문제
· 실력 문제	· 실력 문제	· 실력 문제

Ⅳ. 수열	Ⅴ. 수열의 극한
· 개념과 예제	· 개념과 예제
· 연습 문제	· 연습 문제
· 실력 문제	· 실력 문제

기존에 해 온 공부법은 아래 순서대로 진도를 빼는 것이었습니다.

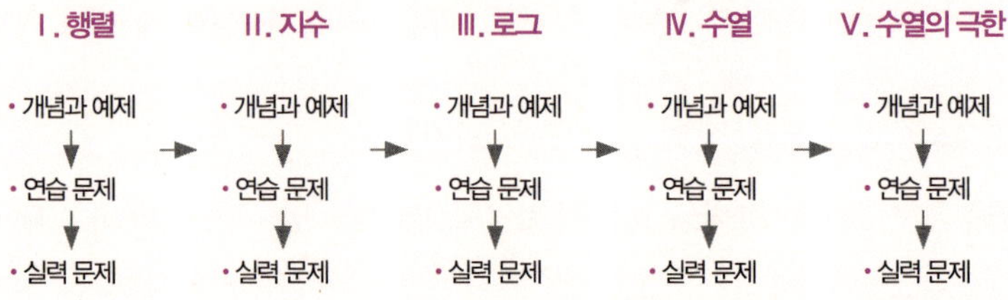

반면에 제가 알려 드리는 진도 빼기 필살기를 적용하면 다음과 같은 순서로 진도를 빼게 됩니다.

사기 같은
교과서
공부 필살기

어떻게 공부하고 있니?

"교과서로 공부했어요."

제가 입시 공부하는 학생이었을 때 수능 잘 본 어떤 분이 저녁 뉴스 인터뷰에서 했던 발언입니다. 그때 당시 저는 속으로 '사기다!'라고 외쳤습니다. 그도 그럴 것이 교과서엔 쉬운 문제들뿐이고 그것만으로는 시험에 나오는 어려운 문제를 절대 풀 수 없다고 생각했기 때문입니다. 그리고 교과서보다 일반 문제집의 공식이 보기 좋게 깔끔히 정리되어 있기도 하고요. 학교에서 교과서로 수업한다는 점만 빼면 교과서로 공부할 이유가 없는 것 같습니다. 그러니 제가 교과서로 공부하라고 말하면 당신은 화내겠죠?

교과서로 공부하세요. '어떻게 교과서만 공부해서 수능을 잘 봅니까?'라고 따지고 싶을 겁니다. 제가 언제 교과서만 보라고 했나요. 당연히 교과서를 보고 다른 책도 봐야지요. 달랑 교과서만 공부해서 수능 잘 보려 한다면 도둑놈 심보지요. 교과서 이외에도 많은 것들을 공부해야 합니다. 다만 처음에는 반드시 교과서로 공부를 시작해야 합니다. 교과서의 오묘함을 터득하는 사람은 반드시 대박이 터질 것이고 지금처럼 교과서가 쓸모없다고 생각한다면 쪽박을 면하지 못할 것입니다. 이유를 설명해 드리겠습니다.

이게 바로 대박타점!

1. 진도의 효율성

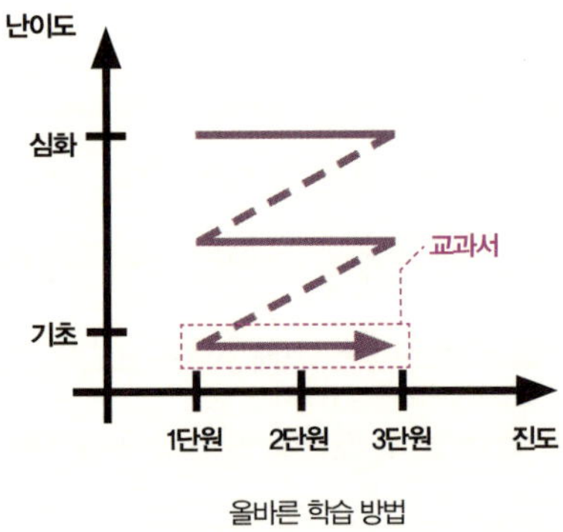

올바른 학습 방법

제가 '진도 빼기 필살기'에서 처음 진도를 뺄 때 기본 개념과 기초 문제만 공부하라고 했죠? 이때 가장 적합한 교재가 뭘까요? 바로 교과서입니다.

(기초+기초+기초)+(중간+중간+중간)+(심화+심화+심화)
└교과서

수능 수학을 공부하고 있는 고3(N수) 학생이라면 엄청난 좌절감을 느끼고 있을 겁니다. 무지막지하게 넓은 시험 범위 때문에 나름 열심히 공부했는데도 시험지를 보면 모르는 게 너무 많습니다. 하지만 교과서로 공부하면 수학 시험 범위가 결코 많지 않습니다. 교과서만으로 진도를 다시 나갈 때 다음 표에 나와 있는 시간 정도가 걸립니다.

수리 가형					수리 나형		
고1 수학	수학 I	수학 II	적통	기백	고1 수학	수학 I	미통
15시간	20시간	25시간	25시간	25시간	15시간	20시간	25시간

그렇다면 수리 가형일 경우 110시간, 나형일 경우 60시간이면 전 범위를 다 할 수 있다는 얘기입니다. 즉, 열심히 하면 가형은 10일, 나형은 6일이면 끝낼 수 있는 게 고등학교 수능 수학의 실체입니다. 그런데도 학생들이 넓은 시험 범위에 쩔쩔매는 건 불필요하게 어려운 문제집을 풀기 위해 시간을 흥청망청 써 버리기 때문입니다. 실력이 충분히 쌓이지 않은 상태에서 어려운 문제집은 시간을 잡아먹는 괴물일 뿐입니다. 모의고사 시험

지를 제대로 살펴보면 정말로 어려운 문제는 그렇게 많지 않습니다. 틀린 문제 중 상당수가 쉬운데도 제대로 공부를 안 해서 틀린 것들입니다. 쉬운 문제만 제대로 풀어도 점수는 웬만큼 나옵니다.

2. 수능과의 연관성

교과서에는 없는 내용이 많아서 교과서를 꺼리는 분들이 많습니다. 예를 들면 수열 단원에서의 복잡한 점화식은 교과서에 없습니다. 그래서 많은 분들이 교과서보다는 다른 개념서로 공부합니다. 그런데 중요한 건 교과서에 없는 내용(복잡한 점화식)은 수능에 나오지 않는다는 겁니다. 당신의 경쟁자들은 삽질을 하고 있습니다.

수능 출제 위원들은 문제를 출제할 때 시중 문제집이 아닌 교과서를 토대로 문제를 출제합니다. 시중 문제집에서 중요하게 다루는 문제라도 수능과는 전혀 관련이 없는 경우가 많습니다. 그래서 아무리 열심히 공부해도 시험에는 공부한 것과 전혀 다른 게 나와서 성적이 안 나오게 됩니다. 하지만 교과서는 비록 쉬운 문제들로만 구성되어 있어도 수능에 필요한 내용을 담고 있기 때문에 효율적으로 공부할 수 있습니다.

3. 수능 문제 출제자의 의도

출제자가 문제를 내는 의도는 학생들이 교과 내용을 잘 이해했는지를 평가하기 위해서입니다. 즉, 교과서 개념 설명이 그대로 출제자 의도인 거죠. 교과서의 개념 설명 과정과 수능의 문제 풀이 과정이 비슷한 경우가 굉장히 많습니다. 개념 설명은 그 문제의 '해답지'와 다름없습니다. 개념을 충분히 숙지하면 '해답지'를 읽고 문제를 푸는 것과 같습니다. 보통 학생들은 어려워하는 수학 문제를 수학을 잘하는 학생들이 너무나 쉽게 푸는 건 '개념 설명'이라는 힌트를 알고 있기 때문입니다. 문제 풀이와 개념 설명의 연관성이 보이면 수학 성적은 수직 상승할 겁니다. 대박은 이렇게 터지는 거죠.

수학 개념 설명은 처음 시작할 때 한 번 보는 것이 아니라 끊임없이 복습하며 머릿속에 체계를 잡아야 합니다. 문제를 푸는 것은 외워 둔 공식을 적용해서 푸는 것이 아니라 이해한 개념을 토대로 문제에 맞게 식을 창조해서 푸는 겁니다. 공식은 그저 계산을 간단하게 해 주는 도구일 뿐 문제를 푸는 사고력의 본질이 이닙니다. 개념을 제대로 이해했다면 공식을 외우지 않아도 생각한 대로 쓰는 식이 저절로 공식과 같아집니다. 물론 내신 시험이나 일반 문제집의 질 낮은 문제는 개념과 별 연관성이 없지만 수능 기출 문제나 교육청·평가원 모의고사 같은 공식적인 시험에서 그런 문제들은 출제되지 않습니다. 교과서 개념 설명을 여러 번 반복 학습해야 합니다.

자, 이제부터 사기 같았던 교과서를 펼칩시다!

교과서의 개념 설명 과정대로 풀리는 수능 문제 예시

공신닷컴(gongsin.com/171401)이나 제 대박타점 카페(cafe.naver.com/dbtj/111)에 들어가면
자세한 해설 강의을 볼 수 있습니다.

✎ 수능 기출 문제

다음은 제품 P_n을 만드는 방법과 소요 시간에 대한 설명이다.
(단, $n=2^k$, $K=0, 1, 2, 3\cdots$)

> 가. 제품 P_1을 한 개 만드는 데 걸리는 시간은 1이다.
>
> 나. 제품 P_1을 차례대로 두 개 만든 다음에 이를 연결하면 제품 P_2가
> 만들어진다.
>
> 다. 제품 P_n을 차례대로 두 개 만든 다음에 이를 연결하면 제품 P_{2n}이
> 한 개 만들어진다. 이때 제품 P_n을 두 개 연결하는 데 걸리는 시간
> 은 $2n$이다.

이때, 제품 P_{16}을 한 개 만드는 데 걸리는 시간은?

① 32　　② 64　　③ 80　　④ 96　　⑤ 112

🛍 수능 기출 문제 풀이 과정

문제의 설명을 식으로 옮기면 $P_1=1$, $P_{2n}=2P_n+2n$이다. 그러면

$P_2=2P_1+2\times1=2\times1+2=4$　　　　$P_4=2P_2+2\times2=2\times4+4=12$

$P_8=2P_4+2\times4=2\times12+8=32$　　　　$P_{16}=2P_8+2\times8=2\times32+16=80$

따라서 $P_{16}=80$이다.

┌ 수능 기출 문제 풀이 과정과 유사
▼

📖 교과서의 개념 설명 과정

|보기| $a_1=1$, $a_{n+1}=3a_n+1$ $(n=1, 2, 3\cdots)$로 정의된 수열 a_n의 각 항을 구하면

$a_2=3a_1+1=3\times1+1=4$

$a_3=3a_2+1=3\times4+1=13$

$a_4=3a_3+1=3\times13+1=40$

$$\vdots$$

따라서 수열 $\{a_n\}$은 1, 4, 13, 40$\cdots$이다.

┌ 수능 기출 문제 풀이 과정과 전혀 다름
▼

🛍 사중 문제집의 문제 풀이 과정

|문제| a_1, $a_{n+1}=3a_n+1$ 일때 a_4의 값은?

|풀이|

$a_{n+1}=3a_n+1\cdots$① 이고 $a_n=3a_{n-1}+1\cdots$② 이므로 ①-② 하면

$(a_{n+1}-a_n)=3(a_n-a_{n-1})$이다.

계차수열 $b_n=a_{n+1}-a_n$의 공비가 3이고 초항 $b_1=a_2-a_1=4-1=3$이다.

따라서

$a_n=1+\sum_{k=1}^{n-1}3^k=1+\dfrac{3(3^k-1)}{3-1}$이고

$a_4=1+\dfrac{3}{2}(3^3-1)=40$이다.

시험 보기 필살기

어떻게 공부하고 있니?

"안 풀리면 넘어가라."

시험 보기 전날이면 선생님들이 학생들에게 꼭 하는 말이죠. 저는 이 말이 조금 잘못됐다고 생각합니다. 시험 보기 전날이면 저는 학생들에게 이렇게 말합니다.

"웬만하면 다 넘어가라. 문제를 읽고 나서 3초 안에 풀이가 떠오르지 않으면 무조건 넘어가라."

　예전에 제 친구 중에 '백발백중'이라고 불리는 녀석이 있었습니다. 그 친구는 어떤 문제든 반드시 다 풀어냅니다. 자기 앞에 나타난 문제를 못 푼 채로 흘려보낸 적이 없습니다. 그 친구는 선생님도 인정했습니다. 반드시 풀어냅니다. 그런데 중요한 건 한 문제 푸는 데 20분이 걸립니다. 시험 결과는 참담했습니다.

한번 따져 볼까?

　'안 풀리면 넘어가자'라고 생각하는 건 이런 문제점을 일으킬 수 있습니다. 시험 볼 때는 안 풀리는 걸 '안 풀리는 것'이라 생각하지 않고 '단지 조금 천천히 풀고 있는 것일 뿐'이라고 생각해 버리게 됩니다. 그리고 '문제가 이기나 내가 이기나 해 보자' 하면서 문제와 오기 싸움을 합니다. 말하기 민망하지만 인간은 파멸을 즐기는 경향이 있습니다. 당신도 시험 보기 몇 시간 전에 게임을 하고 만화책을 보지 않았습니까? 막상 시험 끝나면 게임과 만화책이 별로 재미없는데 말이죠. 그게 다 파멸을 즐기기 때문입니다. 무슨 팜므파탈도 아니고……. 인간은 파멸을 즐기기 때문에 '안 풀리면 넘어가자' 정도로 생각해서는 안 풀릴 때 절대 그냥 못 넘어갑니다. 결국 파멸을 맞이하게 되죠. 많이 경험하셨을 겁니다. 또한 안 풀리는 문제를 계속 붙들고 연구하고 있다고 해서 결코 다양한 생각을 하고 있는 게 아닙니다. 계속 똑같은 생각만 반복할 뿐입니다. '이건 이러이러해서 이 방법으로는 안 풀려. 이건 이러이러해서 이 방법으로는 안 풀려. 이건 이러이러해서 이 방법으로는 안 풀려. 이건 이러이러해서 이 방법으로는 안 풀려. 이건 이러이러해서 이 방법으로는 안 풀려' 이렇게 계속 똑같은 생각만 반복합니다. 꼭 컴퓨터가 다운된 것처럼 생각은 계속 제자리입니다.

이게 바로 대박타점!

'웬만하면 다 넘어가자'라고 생각해 두면 이런 파멸을 피할 수 있습니다. 즉, 시험을 망칠 위험이 훨씬 줄어들게 됩니다. 또한 넘어가서 다른 문제를 풀다가 나중에 안 풀리는 문제를 다시 보면 문제를 새로운 시각으로 볼 수 있게 됩니다. 즉, 계속 똑같이 반복하던 잘못된 생각 '이건 이러이러해서 이 방법으로는 안 풀려'에서 벗어나게 됩니다. 다운된 컴퓨터 화면을 계속 봐 봤자 아무것도 안됩니다. 컴퓨터가 다운됐으면 껐다 켜야 합니다. 시험 볼 땐 도저히 안 풀리는 문제도 시험 끝나고 화장실 갔다 오면 쉽게 풀리죠? 그게 다른 걸 하다가 문제를 다시 봄으로써 새로운 시각으로 문제를 바라볼 수 있게 됐기 때문입니다.

웬만하면 다 넘어가야 하는 마지막 이유는 해결하지 못한 문제에 투자한 시간을 아까워할 필요가 없기 때문입니다. 안 풀리는 문제를 그냥 넘어가지 못하는 가장 큰 이유는 문제를 읽어 놓은 시간, 연구한 시간이 아까워서입니다. 하지만 아까워할 필요가 전혀 없습니다. 시험 볼 때는 굉장히 집중하고 있기 때문에 다른 문제 풀다가 몇 십 분 뒤에 다시 봐도 문제 읽어 둔 것과 생각해 둔 것을 까먹지 않습니다. 또한 인간의 뇌는 엄청난 능력이 있어서 안 풀리는 문제를 넘어가고 다른 문제를 풀고 있을 때 무의식적으로 안 풀리는 문제를 함께 풀고 있습니다. 어느 노래 제목이 도저히 기억이 안 났었는데 전혀 다른 생각을 하다가 뜬금없이 그 노래 제목이 떠오르는 경우가 종종 있죠? 그것이 무의식의 능력입니다. 결국 다른 문제를 풀면서 안 풀리는 문제를 함께 푸니 오히려 이득입니다.

그러니 시험 볼 때 웬만하면 다 넘어가세요. '앗! 그러면 저는 거의 다 그냥 넘겨야 하는데요?'라고 질문하는 분들도 있을 겁니다. 그러면 그냥 신 나게 다 넘기세요. 농담이 아닙니다. 시험지는 기본적으로 두 번 나눠서 푸는 겁니다. 3초 만에 풀이가 떠오르는 문제와 3초 만에 풀이가 떠오르지 않는 문제들로 나누세요. 다소 이상하게 느껴져도 그게 시험에서 실력을 가장 잘 발휘하는 방법입니다.

수능 수리영역 명품 공부 계획

Step 1. 기초 다지기

처음 수능을 준비할 때 마음이 급해서 고1 수학을 건너뛰고 수Ⅰ(& 미통 / 수Ⅱ·적통·기백)부터 시작하는 경우가 많습니다. 그리고 고1 수학은 수Ⅰ(& 미통 / 수Ⅱ·적통·기백)하면서 모르는 게 나올 때마다 틈틈이 보충할 생각을 합니다. 하지만 고1 수학을 정리해 놓고 시작하는 게 더 효율적입니다. 나무가 잘 크려면 뿌리가 튼튼해야 하듯 수리영역을 잘하려면 고1 수

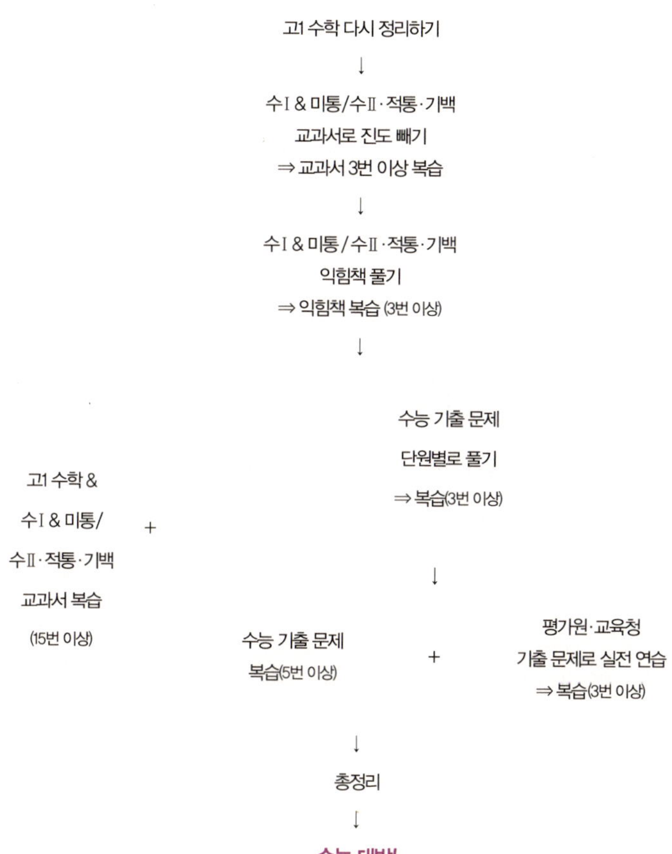

학의 기초가 튼튼해야 합니다. 만약 중학교 수학도 부실하다면 수I (& 미통/수II ·적통·기백)을 하기 전에 중학교 수학도 필요한 만큼 공부하세요.

기초를 다지고 난 다음에는 교과서로 진도를 나갑니다. 여기서 중요한 점은 수I과 미통(or 수II·적통·기백) 진도를 한꺼번에 동시에 나가지 말고 한 번에 하나씩 차례차례 진도를 나가야 한다는 점입니다. 교과 내용이 익숙하지 않은 상태에서 동시에 여러 가지를 병행하면 혼란스럽습니다. 그래서 개념이 체계적으로 잡히지 않습니다. 또 공부 계획이 복잡해져서 공부 능률이 떨어지는 데다 계획도 잘 안 지켜집니다.

	수리 나형	수리 가형
잘못된 방법	[수I] & [미통] 동시에 병행	[수I] & [수II] & [적통] & [기백] 동시에 병행
올바른 방법	[수I] → [미통] 차례로 공부	[수I] → [수II] → [적통] → [기백] 차례로 공부

진도를 나간 다음에는 교과서를 세 번 이상 복습하세요. 복습에 정해져 있는 시기란 없습니다. 복습은 자신의 상태에 따라 앞에서 공부한 내용을 잊어버리기 전에 하는 겁니다. 가령 공부한 내용을 잊지 않도록 진도를 빨리 나간다면 진도를 다 뺀 다음에 복습을 하면 됩니다. 예를 들어 수I과 미통 진도를 나간다면,

[수I] 진도 빼기 → [미통] 진도 빼기 → [수I] 복습하기 → [미통] 복습하기

와 같이 하면 됩니다. 하지만 진도 나가는 속도가 늦어져 진도를 다 나가기 전에 공부한 내용을 잊어버릴 것 같으면 중간에 복습을 하면 됩니다.

예를 들어 수I과 미통 진도를 나가는데 미통을 하다가 먼저 한 수I을 잊어버릴 것 같으면 미통을 나가기 전에 수I을 복습하는 거지요.

[수I] 진도 빼기 → [수I] 복습하기 → [미통] 진도 빼기 → [미통] 복습하기

와 같이 하면 됩니다.

Step 3. 익힘책 문제 풀기

익힘책의 문제를 풀며 교과서에서 공부한 개념을 다지고 좀 더 어려운 문제를 푸는 훈련을 합니다. 다 풀었으면 세 번 이상 복습하세요. 응용력은 복습할 때 생깁니다. 이것이 수능 기출 문제를 풀기 위한 준비 단계입니다.

Step 4. 수능 기출 문제 단원별로 풀기

익힘책으로 문제 풀이에 익숙해졌으면 수능 기출 문제를 풉니다. 여기선 연도순으로 기출 문제를 푸는 것보다 단원별로 푸는 게 더 좋습니다. 기출 문제를 푸는 자세한 이유는 대박타점 사회·과학 공부법 편의 '기출 문제 분석 필살기'를 참고하세요. 기출 문제를 풀면서도 교과서를 계속 복습해야 합니다. 수능 기출 문제와 교과서를 계속 비교해 보면서 교과서에서 주로 어느 부분이 어떻게 수능에 출제되어 왔는지 분석하세요. 수능

기출 문제도 다 풀었으면 세 번 이상 복습하세요.

Step 5. 평가원·교육청 기출 문제로 실전 연습

마지막 단계는 평가원·교육청 기출 문제로 실전 연습을 하는 겁니다. 또한 수능 기출 문제와 교과서를 계속 복습하세요. 수능 기출 문제와 평가원·교육청 기출 문제의 차이점을 비교한 다음 세 번 이상 복습하세요. 그리고 수능 전까지 공부했던 모든 교재를 복습합니다.

정말로 '교과서+기출 문제'만 해도 될까요? 불안해요

교과서+수능기출+평가원·교육청 모의고사만 열심히 하세요. 이것 이외의 시중 문제집 내용은 공부해 봤자 수능에 안 나옵니다. 열심히 공부해 봤자 실전에 아무 쓸모없는 헛공부입니다. 수능 기출 문제를 만만하게 보지 마세요. 수능의 최고 난이도는 이미 수능 기출 문제 속에 다 있습니다. 제가 기출 문제만 풀면 된다고 했지만 기출 문제를 다 푸는 건 결코 쉽지 않습니다. 수능이 실시된 지 19년이 지났습니다. 그동안 쌓인 분량이 엄청납니다. 복습까지 하려면 정말 열심히 공부해야 합니다. 이것만 다하고 수능 봐도 정말 장한 겁니다.

내신 수학
명품 공부 계획

수학은 독학으로 공부하기 힘들다고요? 그렇지 않습니다. 두 달에 한 번씩 보는 내신 시험. 두 달간 독학으로 내신을 대비하는 최고의 공부 계획을 알려 드립니다!

교재	교과서
기간	2주일
방식	다른 책은 보지 말고 교과서만으로 진도를 최대한 빨리 뺀다. 단, 학교에서 다른 보충 교재를 수업할 경우 보충 교재도 학교 진도에만 맞춰서 공부한다. 교과서의 설명을 읽고 문제를 풀며 스스로 공부한다.

1. 여러 책을 동시에 하면 공부 효율이 떨어진다

대부분 공부를 많이 하겠다는 욕심만 앞서서 책을 동시에 여러 권 봅니다. 하지만 책을 동시에 여러 권 보면 공부 효율이 떨어집니다. 이유는 아래와 같습니다.

① 여러 책을 보면 혼란스러워서 체계가 안 잡힌다.

교과 내용이 익숙하지 않은 상태에서 동시에 여러 책을 보면 혼란스럽습니다. 한 가지 대상만으로 연구를 해야 제대로 알 수 있습니다. 연구 대상이 계속 바뀌면 교과 내용을 통달할 수가 없습니다. 자꾸 새로운 책을 보면 체계가 잘 안 잡힙니다. 봤던 책을 보고 익숙한 대상을 봐야 좀 더 깊이 생각할 여유가 생기는 법입니다. 책 한 권 다 보더라도 새로운 책을 보지 말고 봤던 책을 보면 복습을 훨씬 빨리할 수 있습니다.

② 여러 책을 보면 진도 빼는 게 늦어진다.

여러 책을 병행하면 진도 빼는 게 늦어집니다. 그러다 보면 뒷부분을 공부할 때쯤에 몇 달 전에 공부한 앞부분은 기억이 안 나게 되지요. 앞부분의 기초적인 지식을 모른 채로 뒷부분을 공부하다 보니 뒤로 갈수록 이해를 잘 못합니다. 또한 단원끼리 어떻게 연결되는지 생각하지 않게 되고 전체적인 흐름도 잘 파악하기 힘듭니다('진도 빼기 필살기' 참조).

③ 응용력은 한 권의 책을 여러 번 봐야 생긴다.

응용력은 다양한 문제를 풀어서 길러지지 않습니다. 오히려 한 문제를 여러 번 반복해서 풀어야 거기서 변형이 되고 응용이 돼도 풀 수 있습니다. 다양한 문제를 풀려고 하지 말고 틀린 문제 중심으로 책 한 권을 여러 번 푸세요. 여러 번 풀어 본 문제는 거기서 변형되더라도 쉽게 풀 수 있습니다('응용력을 기르는 필살기' 참조).

여러 책을 공부하려다 보면 오히려 공부를 못하게 됩니다. 그러니 굳이 다른 교재를 볼 필요가 없습니다. 먼저 학교에서 공부하는 교과서로 시작하세요.

2. 교과서는 의외로 독학하기 쉽다

처음부터 아무것도 모르는 채로 어떻게 교과서로 혼자서 공부하냐고 반문하는 분들이 많습니다. 대체 왜 교과서가 공부하기 힘든 책이라고 생각하나요? 교과서에 있는 설명을 제대로 읽어 본 적은 있나요? 교과서는 원래 처음부터 아무것도 모르는 사람들에게 수학 개념을 알려 주기 위한 용도로 만들어진 책입니다. 문제집보다 독학하기가 더 좋습니다. 선생님들도 교과서에 적혀 있는 그대로 말로 설명하는 게 대부분입니다. 제가 예전에 멘토링했던 한 학생도 교과서로 혼자 해 보라고 하니까 처음엔 난감해하더니 정작 해 보고 나서 교과서가 의외로 설명이 잘되어 있다며 공부하기 쉬웠다고 하더군요. 교과서를 얕보지 말고 일단 보세요. (아직까진 괜찮아도 고3이 되면 공부를 혼자서 해야 합니다. 혼자 개념을 공부할 수 있는 능력이 없으면 고3 때 결코 공부를 잘할 수 없습니다.)

Step 2. 개념 다지기 : 복습

교재	교과서
기간	1주일
방식	Step 1에서 푼 교과서에서 틀린 문제와 틀리진 않았지만 풀이가 익숙하지 않은 문제를 다시 푼다. 그리고 학교 수업 시간 진도에 맞춰 한 번 더 복습한다.

1. 응용력은 책 한 권을 여러 번 봐야 생긴다

앞에서도 말했듯이 응용력은 반복을 통해서 길러집니다. 어떤 책이든지 틀린 문제 중심으로 최소한 세 번은 풀어 봐야 합니다. Step 1에서 틀린 문제와 익숙하지 않은 문제를 한 번 더 풀고(두 번째) 학교 수업 시간에 한 번 더 복습합니다(세 번째). 처음에 한 번 푸는 건 자기가 뭘 모르는지, 뭘 공부해야 하는지, 즉 '공부를 준비하는 시간'이지 정작 '공부하는 시간'은 아닙니다. 정말로 공부하고 실력이 느는 건 복습할 때입니다. 교재를 한 번만 푸는 건 '공부할 준비'만 하고 정작 '공부'는 안 하는 것과 똑같습니다.

2. 틀린 문제뿐만 아니라 틀리진 않았지만 풀이가 익숙하지 않은 문제도 다시 푼다

중요한 건 단순히 문제를 풀어서 맞았느냐 틀렸느냐가 아니라 확실히 아느냐 모르느냐입니다. 확실히 알고 푼 게 아니면 맞았더라도 그저 운에 불과합니다. 자기 실력이 아니라는 거지요. 우리가 공부를 하는 이유는 자기 운이 얼마나 좋은지 알아보려고 하는 게 아니라 실력을 향상시키기 위해 하는 겁니다. 아무리 맞았더라도 풀이가 익숙하지 않으면 다시 푸세요. 익숙하지 않은 게 시험에서 나오면 틀리게 됩니다. 충분히 익숙해져야만 시험에서도 풀 수 있습니다.

Step 3. 응용력 기르기 : 문제풀이

교재	익힘책 or 학교 보충 교재
기간	3주일
방식	시험 범위까지 풀면서 문제 유형을 익힌다. 세 번 이상 복습한다.

Step 4. 실전 감각 기르기 : 기출 문제 실전 연습

교재	내신 기출 문제 & 내신 기출 문제집
기간	2주일
방식	내신 기출 문제로 시간을 재고 실전 연습을 한다. 내신 기출 문제집을 푼다. 세 번 이 상 복습한다.

1. 선생님들이 참고한다

아무리 작년에 가르쳤던 선생님과 지금 가르치는 선생님이 다른 분이 더라도 대부분 선생님들이 작년 문제를 참고할 가능성이 큽니다. 왜냐하 면 본인이 가르치는 학교 학생들의 수준이 어느 정도인지 알아야 하기 때 문입니다. 시험 문제를 내는 선생님 입장에서 평균 점수가 너무 높아서도 안 되고 너무 낮아서도 안 됩니다. 그렇기 때문에 '작년에 시험 문제가 어 느 수준으로 나왔을 때 우리 학교 학생들의 평균 점수가 몇 점 정도 나왔 는지'를 알아야 합니다. 그래야 시험을 적절한 난이도로 낼 수가 있죠. 작 년 시험지를 참고로 올해 시험 문제를 내다 보면 어느 정도 비슷한 구석 이 생기기 마련입니다. 시험 문제는 선생님이 냅니다. 선생님이 참고하는 문제는 꼭 참고해야 합니다.

2. 문제집 문제와 내신 시험 문제는 좀 다르다

다들 느끼시겠지만 문제집 문제와 내신 시험 문제는 좀 다릅니다. 내신 시험에서는 선생님들이 여러분의 실수를 유도하는 함정을 꼭 집어넣습니다. 문제집에서 항상 +였던 것을 -로 바꾼다든지 답지를 하나만 고르던 문제를 '모두 고르시오'라는 형식으로 만든다든지. 정말 열심히 공부했는데 정작 시험에 나온 문제들이 너무 낯설어서 시험을 못 본 적이 없었는지요? 그러니 내신 스타일의 문제에 익숙해져야 합니다. 내신 시험을 잘 보기 위한 공부를 해야지 문제집을 잘 풀기 위한 공부를 해서는 안 됩니다.

3. 시험 보는 연습을 한다

그냥 공부할 때 문제 푸는 느낌하고 시험 볼 때 문제 푸는 느낌하고 굉장히 다릅니다. 시험 중에는 풀릴 듯 말 듯 도저히 안 풀리던 것이 시험 끝나고 나면 쉽게 풀릴 때가 허다합니다. 시험을 보는 상황에 충분히 익숙해지지 않았다는 뜻입니다. 촉박한 시간 속에서 여유 있게 생각하고 풀 수 있는 노련함을 길러야 합니다. 의외로 어려운 문제집을 푸는 건 실전에 별로 도움이 안됩니다. 오히려 실전 연습을 많이 하는 게 성적 올리는 데 더 도움이 됩니다. 내신 시험 기출 문제를 풀 때는 반드시 시간을 재고 실전 상황과 똑같이 푸는 연습을 하기 바랍니다.

김지석 공신이 직접 학생을 만나서 학습상의 문제점을 진단하고 대책을 마련하는 현장 멘토링 리포트입니다.

멘티는 누구인가?

이름 / 학년 : 최명준(가명) / 고등학교 2학년

학업 수준 : 상위권(반에서 3~4등)

취약 과목 : 수학

성적 :

모의고사			내신		
언어	수리	외국어	언어	수리	외국어
2등급	4등급	2등급	1등급	4등급	1등급

기존 공부 방식 :

학교 – 〈정석〉으로 진도를 나간다.

학원 – 상위권반에서 고난도 문제 풀이를 한다.

기타 – 〈정석〉, 〈쎈〉, 〈내신 500제〉를 부지런히 푼다.

"수학 성적이 도저히, 절대로 안 나와요."

수학에 고민이 많은 명준이를 만났다. 명준이는 공부를 상당히 잘하는 편에 속했다. 하지만 다른 과목은 다 괜찮은데 유독 수학이 발목을 잡았다. 수학 점수가 그렇게 낮은데도 반에서 3~4등을 유지하는 게 신기하게 느껴질 정도였다.

문제점은 무엇인가?

문제점 1. 수준에 맞지 않은 학원

본인 수준보다 지나치게 어려운 수업을 하는 학원을 다니는 게 가장 큰 문제였다. 수학을 잘 못하지만 나머지 성적이 높다 보니 학원에서 고난도 문제 풀이를 하는 상위권반에 들어가게 됐는데 수업을 쫓아가기가 힘들고 공부하는 느낌이 든다기보다는 고문당하는 느낌이 든다는 것이었다. 그럼에도 불구하고 명준이는 꿋꿋이 버텨야 한다고 생각하고 있었다. 만화에서 강해지려고 수련하는 주인공이 험난한 상황에 스스로 뛰어들듯

상위권이 되려면 학원에서 상위권반에 앉아 있어야 한다고 생각하는 것이었다. 거기서 자신이 어려워하는 것을 많이 접할수록 실력이 많이 늘 거라는 논리였다. 하지만 수준에 맞지 않게 어려운 걸 해 봤자 계속 어렵기만 할 뿐이다. 알아듣지도 못하는 수업을 듣고 풀지도 못하는 문제를 쳐다보는 걸 공부라 할 수 있겠는가? 어렵게 공부하면 성적이 오르기 어렵다. 스트레스는 많이 받고 실력은 늘지 않는다. 한마디로 최악이다. 쉽게 공부해야 성적이 쉽게 오른다.

문제점 2 지나치게 많은 문제를 푼다

명준이는 자신의 수학 실력에 비해 상당히 많은 문제집을 풀고 있었다. 학원 숙제, 학교에서 하는 〈정석〉, 여기서 혼자서 〈쎈〉, 〈내신 500제〉를 풀고 있었다. 난 경악했다. 응용력은 다양한 문제를 풀어서 길러지는 것이 아니다. 다양한 문제를 풀어 봤자 원래 풀 수 있는 문제는 맞고 원래 못 푸는 문제는 틀릴 뿐 딱히 실력이 늘지 않는다. 오히려 풀었던 문제를 여러 번 풀어야 거기서 변형이 되고 응용이 돼도 풀 수가 있다. 응용력은 반복과 복습을 통해서 길러진다. 그런데 학교와 학원에서 하는 것으로도 모자라서 한 권에 1000문제씩이나 들어 있는 〈쎈〉, 거기에 〈내신 500제〉를 풀고 있으니 복습할 시간은커녕 기본 개념을 다질 시간도 없다. 그러니 수학을 잘할 수 있을 리가 없다.

명준이는 스스로도 개념이 부족하다는 것을 알고 불안하게 느끼면서도 시험 기간이 다가올수록 기본 개념을 공부하기 늦었다 싶어서 더더욱 문제만을 풀게 된다는 것이었다. 나는 기가 막혀서 말했다.

"야, 너 그렇게 기본 개념도 모르면 문제 풀어 봤자 왜 그렇게 푸는지도 이해 못하고 그냥 무작정 풀이 방법만 외우고. 그러니까 공부할 때마다 제대로 푸는지 확신이 없어서 완전 불안하고 또 그래서 실수도 많이 하고 외운 것에서 조금만 변형돼도 쪽도 못 쓰고 그냥 틀리는 거야! 그렇게 공부 열심히 하고도 시험 망치지?"

"어! 어떻게 아셨어요?" 하며 명준이는 나를 점쟁이 쳐다보듯이 바라보았다. 어떻게 알긴……. 나도 그런 시절이 있었는걸!

해결책은 무엇인가?

문제점 1에 따른 해결책 1. 학원을 끊는다(간단하다)

맞지도 않은 학원을 다녀 봤자 시간 낭비일 뿐이다. 차라리 그 시간에 노는 게 낫다. 명준이는 여태껏 자신에게 필요한 공부를 하지 않고 학원에서 시키는 공부를 해 온 것이다. 그런 학원은 공부에 방해만 될 뿐이다. 다니면 무조건 손해다. 끊으면 무조건 이득이다.

문제점 2에 대한 해결책 2. 〈쎈〉과 〈내신 500제〉를 쓰레기통에 버린다(깔끔하다)

수학 개념에 대한 체계가 온전히 잡히지도 않았는데 지나치게 여러 가지 문제집을 보면 체계가 잡히지 않는다. 여러 문제를 한 번씩 풀지 말고 한 문제를 여러 번 풀어야 한다. 문제집 푸는 권수를 줄여야 한다. 나는 "〈쎈〉을 풀면 넌 '악한'이 될 거야!"라며 명준이에게 앞으로 영원히 〈쎈〉은 보지 말 것을 다짐받았다.

결국 어떻게 하는 것이 좋은가?

〈수학 내신 명품 공부 계획〉을 기본으로 명준이에게 맞는 계획을 짰다. 교과서의 기본 개념을 다시 공부하면서 자신이 몰랐던 개념 설명들을 모두 표시하게 했다. 명준이의 경우 학원을 다니면서 문제 풀이는 많이 했으므로 교과서의 기초 문제는 굳이 풀 필요가 없겠다 싶어 풀지 말라고 했다. 그리고 그 표시한 것들을 시험 보는 순간까지 계속 틈틈이 복습해서(열 번 이상) 개념을 완벽히 다지게 했다.

학교에서 〈정석〉으로 진도를 나가고 거기에서 내신 시험 문제가 출제되어 익힘책 대신 〈정석〉으로 공부하기로 했다. 여기서 〈정석〉 푸는 것도 방법이 있다. '진도 빼기 필살기'의 방법을 적용해서 〈정석〉을 처음 풀 때는 시험 범위에서 기본 문제만 풀고 유제와 연습 문제는 건너뛰는 것이다. 그리고 기본 문제를 두 번 복습한 뒤에 유제를 푼다. 유제도 두 번 정도 복습한 뒤에 연습 문제를 풀게 했다. 마지막으로 내신 기출 시험지를 구해서 실전 감각을 익히도록 했다.

결과는 어떻게 됐는가?

　내신 시험과 모의고사를 치를 때마다 명준이에게서 전화가 왔다. 명준이는 다음 내신 시험과 모의고사에서 1등급을 받았다. 수학 내신 시험은 전교 15등을 했고 모의고사는 전교 8등을 했다. 자신의 성적을 본인도 믿지 못했다. 학원도 끊었고 문제집도 더 적게 풀었다. 어려운 내용도 별로 공부하지 않았다. 쉽게 공부했는데 성적이 신비로울 정도로 뛰어올랐다.

　공부는 음식을 먹는 것과 같다. 잘 삼켜지지도 않는 음식을 꾸역꾸역 삼켜 체하는 것이 음식을 잘못 먹는 것이듯 이해도 안되는 어려운 문제집을 꾸역꾸역 공부하며 혼란스러워하는 것은 공부를 잘못하는 것이다. 음식을 편안하게 먹는 것이 잘 먹는 것이듯 공부도 편안하게 해야 잘 공부하는 것이다. 개념이 튼튼하면 편안하게 공부할 수 있다. 자신의 수준에 맞는 문제를 풀면 편안하게 공부할 수 있다. 한 번에 여러 계단을 올라가려고 하면 힘들기만 하고 올라가지지도 않는다. 여러 계단을 올라가는 가장 효과적인 방법은 한 계단 한 계단 편안하게 올라가는 것이다. 공부도 수준에 맞게 기초부터 한 계단 한 계단 편안하게 올라가는 것이 가장 효과적이다.

chapter 02

대박타점 영어 공부법

"왜 영어는 30년을 해도 늘지 않는 걸까?"

어떻게 공부하고 있니?

대한민국 최대 미스터리가 뭔지 아시나요?

UFO? 공중 부양? 심령 현상? 투명 인간? 100일간 쑥과 마늘 먹고 사람이 된 곰?

아닙니다. 그보다 더한 미스터리가 있습니다. 대한민국 최대 미스터리, 바로 '영어'입니다. 제가 아는 어떤 아저씨는 "내가 영어를 공부한 지 30년째야. 근데 아직도 못하겠어."라고 했습니다.

대체 뭐가 문제인 걸까요? 공부할 때 대체 뭘 잘못해서 30년을 해도 영어가 안되는 걸까요? 보통 영어 공부를 어떻게 하는지 볼까요?

그런데 영어 문제집을 푸는 것이 영어 실력 향상에 도움이 되던가요? 문제 풀이 능력을 기르는 게 도움이 되던가요? 해석은 계속 안되고 단어는 계속 모르고 듣기는 계속 안 들리고 문법은 계속 어렵기만 하지 않던가요? 영어 시험을 못 보는 게 수학 시험을 못 보는 것처럼 문제 풀이 능력이 부족해시일까요? 그렇다면 외국에서 살다 온 친구들은 어떻게 영어 문제집을 한 권도 안 풀어 보고 영어 시험을 잘 볼 수 있을까요?

한번 따져 볼까?

만약 당신이 마법을 쓸 수 있어서 영어 시험지를 모두 한글로 바꿀 수 있다고 해 보죠. 그러면 문제 풀기가 정말 쉽겠죠? 결국 '문제를 읽는 것'이 어려운 거고 '문제를 푸는 것'은 쉽군요! 영어를 한글 보듯이 편하게 보려면 독해 실력, 문법 실력, 듣기 실력, 어휘력이 필요합니다. 마땅히 영어 공부는 앞의 네 가지 능력을 기르는 데 주력해야 할 것입니다. 하지만 문제를 많이 푸는 건 네 가지 능력과 큰 연관성이 없습니다.

해석 실력을 어떻게 향상시킬지 몰라 막연히 문제를 풀면서 영어를 많이 접하다 보면 해석 실력이 늘 거라 생각하는 분들이 많습니다. 그런데 문제를 풀 때는 답 내는데 급급해서 해석이 안되는 문장이 있어도 그냥 넘어갑니다. 생각이 문장 해석에 집중되지 않고 부족한 영어 실력으로 얻어 낸 단서로 답이 뭘까 궁리하는 데만 집중되기 때문이죠. '답 내는 궁리'가 수학에서는 필요하겠지만 영어에서는 별로 필요 없습니다. 어려운 문장을 분석해 가며 해석하는 연습을 안 하니 모르는 문장은 그대로 모르는 문장이 됩니다. 해석 실력은 거의 늘지 않는 거죠. 보통 문법에 대한 개념을 정리한 다음엔 문법 문제를 많이 풀려고 합니다. 개념 정리 이후에는 달리 할 게 없다고 생각하기 때문이죠. 하지만 문법 개념을 정리했어도 문제 풀 때는 적용이 안됩니다. 해설지를 읽으면 '아, 그렇구나!' 하며 이해는 하는데 문제를 계속 풀어도 원래 풀 수 있는 건 맞고 원래 못 푸는 건 틀릴 뿐 실력이 늘지는 않습니다. 듣기에서도 마찬가지입니다. 영어 듣기가 안된다고 맨날 듣기 문제를 푸는데 경험적으로 별 효과가 없다는 건 누구나 알고 있습니다. 아무리 해도 영어가 들리지 않죠. 그런데도 듣기가 안되니 듣기에 관한 공부를 하긴 해야겠는데 문제 푸는 것 말고는 달리 어떡할지 몰라 효과가 없는 걸 알면서도 계속 반복합니다. 영어 문제집을 푼다고 해서 어휘력이 향상되지 않는다는 건 당연하고요. 영어 문제집을 풀 시간에 차라리 단어를 더 외우는 게 나을 겁니다.

이게 바로 대박타점!

수학 실력은 수학 문제를 풀어서 향상되지만 영어 실력은 영어 문제를 풀어도 향상되지 않습니다. 그래서 영어 시험지를 아무리 풀어도 시험을 잘 볼 수 없습니다. 충분한 영어 실력이 갖춰지지 않은 상태에서 문제를 푸는 건 헛공부일 뿐입니다. 문제 풀이 위주의 영어 공부에서 벗어나 영어의 기본 실력(독해, 문법, 듣기, 어휘력)을 키워야 합니다.

독해 공부 필살기

어떻게 공부하고 있니?

영어 문장은 무수히 많습니다. 영어 문장이 끝도 없이 많은데 어떡하면 영어 문장을 다 공부하고 해석할 수 있을까요? 참으로 막막합니다. 그래서 최대한 많은 영어 문장을 읽어 봐야겠다는 마음에 이 책 저 책 많이 공부하려 합니다. 하지만 원래 해석이 되는 수준의 문장은 해석이 되고 원래 해석이 안되는 수준의 문장은 계속 해석이 안될 뿐 실력은 제자리이지 않던가요? 여러 문장을 본다고 해서 독해 실력이 느는 것 같지는 않습니다. 그러면 어떡하면 좋을까요? 여러 문장을 봐도 실력이 안 늘면 여러 문장을 안 보면 실력이 늘 수 있을까요? 네, 그렇습니다. 영어 문장은 무한히 많지만 문장 구조는 같은 것이 반복됩니다. 계속 다양한 문장을 읽어 봤자 실력은 늘지 않습니다. 그것보다 한 문장이라도 여러 번 반복해서 구조를 철저히 익혀야 거기서 변형되고 단어가 바뀌어도 해석할 수 있습니다.

한번 따져 볼까?

구조가 같은 문장 '문장 1', '문장 2', '문장 3', '문장 4'가 있다고 해 봅시다. 만약 이 문장들을 한 번씩만 보면 단어만 조금 바뀌어 있어도 다 새로운 문장으로 보이고 해석이 안됩니다. 하지만 해석이 안됐던 '문장 1'을 여러 번 복습해서 문장의 구조를 확실히 익히면 '문장 2, 문장 3, 문장 4'는 단지 단어가 바뀌어 있을 뿐이어서 쉽게 해석할 수 있습니다.

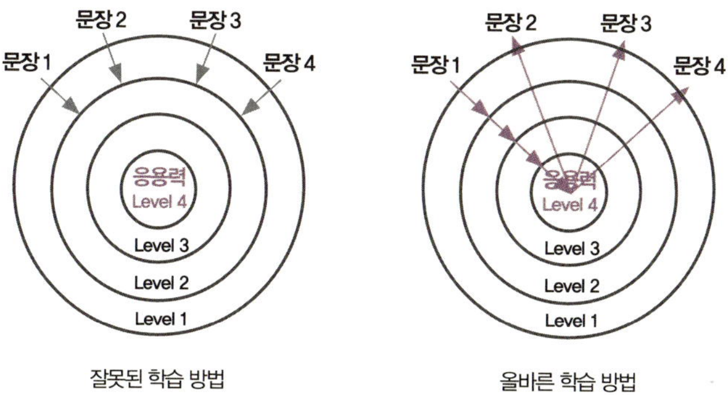

잘못된 학습 방법

올바른 학습 방법

무엇이든 처음 한 번 보는 것은 자신이 뭘 모르는지 확인하며 '공부를 준비하는 것'이지 '공부를 하는 것'은 아닙니다. 계속 한 번만 보고 넘어가는 건 공부할 준비만 잔뜩 해 놓고 정작 공부는 안 하는 것입니다. 실력은 복습할 때 오르게 됩니다.

추가로 영어 공부할 때 중요한 점을 하나 말씀드립니다. 영어는 우리말로 해독해야 하는 '암호'가 아닙니다. 영어도 우리말과 마찬가지로 의미와 직결되는 '언어'입니다. 따라서 영어 문장을 해석할 때 우리말 어순으로 재배열해서 이해하려고 하면 안 됩니다. 예를 들어 'I am a boy'를 우리말 어순 '나는 소년이다'로 고쳐서 이해하면 평생 영어 실력이 늘지 않습니다. 영어 문장 순서 그대로 '나는, 이다, 소년'으로 이해해야 합니다.

영어를 우리말 어순으로 고쳐서 이해하면 의사소통을 할 수 있는 '언어'가 아닌 어렵게 꼬여 있는 '암호'가 되어 버리기 때문입니다. 이것은 마치 우리말 문장 '나는 소년이다'를 영어 어순으로 '나는, 이다, 소년'으로 고쳐서 이해하는 것만큼이나 비효율적입니다. 우리가 국어 문장을 영어

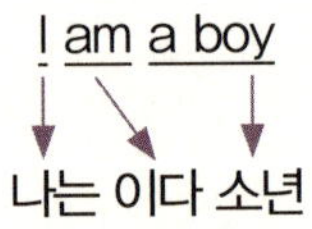

어순으로 재배열해서 이해하지 않고 문장에 단어가 있는 순서 그대로 이해하듯 영어 문장에 있는 단어 순서 그대로 문장을 이해하려고 노력하세요. 해석이 안되는 문장을 이해할 때 모국어에 다소 의존하는 건 어쩔 수 없지만 해석이 되거나 해설지를 봐서 뜻을 아는 문장은 단어 순서대로 이해하는 연습을 해야 합니다. 아기가 옹알이부터 시작해서 어른이 되면 유창하게 말을 하게 되듯 처음에는 잘 안되지만 계속 훈련하면 영어를 잘할 수 있습니다.

이게 바로 대박타점!

수준별 영어 독해 공부법 1단계. 초보 : 구문 연습

서점에 가면 영어 구문 교재가 있습니다. 구문 교재가 뭔지 모르는 분들이 상당히 많이 있는 것 같은데 구문 교재는 영어 문장들의 유형이 분류되고 구조가 분석되어 있는 책입니다(옆에 사진을 첨부하겠습니다). 구문책 한 권 사서 반복 학습하세요.

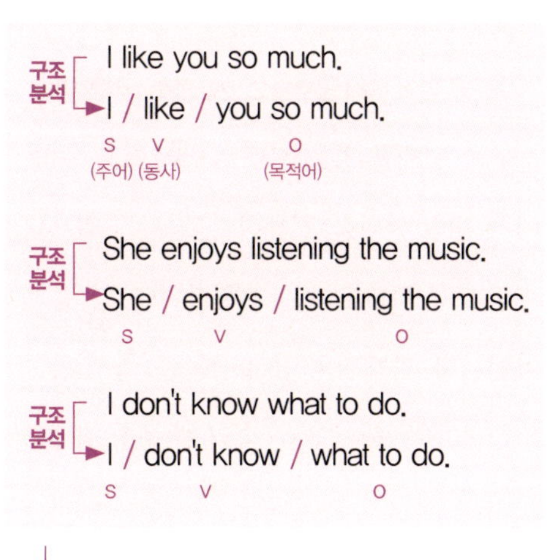

교재에서 문장 구조를 분석해 놓은 것을 참고로 책에 있는 모든 문장들을 정확히 해석하는 연습을 하세요. 연습할 때 한 문장씩 제대로 해석을 해 봐야 실전에서 제대로 해석할 수 있습니다. 연습할 때 겉핥기로 읽으면 실전에서도 겉핥기로 읽을 수밖에 없습니다. 교재에서 문장 구조를 분석한 것을 완벽히 익혀 놔야 합니다. 다른 데서 비슷한 문장을 보면 책에 설명된 것처럼 그 문장의 구조나 문법적 사항이 전부 다 단숨에 떠오를 정도로 숙달되어야 합니다. 이를 위해 계속 반복해서 거의 외우다시피 해야 합니다. 열 번 이상 복습하세요. 참고로 복습할 때는 처음 공부했던 그대로 다시 하는 것이 아니라 놓쳤던 개념과 숙달이 안된 문장만 다시 공부하는 것입니다. 그러면 나중에 비슷한 구조를 가진 문장을 접했을 때 쉽게 해석할 수 있습니다. 이렇게 문장 구조를 공부하다 보면 처음 보는 지문도 매끄럽게 해석이 될 겁니다.

수준별 영어 독해 공부법 2단계. 중수 : 적용 연습

구문 교재를 외울 정도로 반복했고 해석이 웬만큼 되기 시작했다면 영어 문제집 하나를 고릅니다. 영어 수업 시간에 사용하는 교재나 기출 문제집 또는 EBS 교재를 추천합니다. 단, 문제집으로 '문제 풀이'를 하는 게 아닙니다. 문제집의 영어 지문을 '독서'하는 겁니다. 1단계에서 문장 구조 익힌 걸 활용해서 지문 속의 한 문장 한 문장 전부 다 제대로 읽고 해석해 봅니다. 해석이 잘 안되면 구조를 분석해 가며 혼자 연구합니다. 몰랐던 문장을 혼자 연구해서 해석해 본 노하우가 시험장에서 몰랐던 문장이 나와도 해석해 내는 노하우가 됩니다. 연구해도 해석이 안된다면 표시해 둡니다. 문제를 풀기 위해 지문을 읽은 건 아닙니다만 이왕 지문을 읽었으면 문제를 풀어 보고 해설지를 봅니다. 답을 맞춰 보고 해석이 된 문장이라도 해설지의 지문 해석을 다 읽어 보고 제대로 해석했는지 확인합니다. 잘못 해석한 문장은 표시하고 끝까지 해석을 못한 문장은 해설지를 참고해서 구조를 분석하고 다시 혼자서 해석해 보도록 합니다. 이런 방식으로 문제집을 풀면서 표시해 놓은 문장들을 복습해 가며 다시 읽고 해석하는 연습을 합니다. 이것도 거의 외워질 때까지 반복하는 것이 좋습니다. 정리하면,

① 지문의 한 문장 한 문장 꼼꼼히 해석하기

② 헤석 안되는 문장 표시하기

③ 해설지 해석 읽고 해석을 제대로 했는지 확인하기

④ 제대로 해석하지 않은 문장 표시하기

⑤ 해설지 해석 참고해서 표시된 문장 구조를 분석하며 다시 해석하기

⑥ 표시된 문장 열 번 이상 복습하기

마지막으로 영어 어휘책이나 문법책처럼 자주 보게 되는 책도 독해 공부에 활용해야 합니다. 어휘책의 예문도 해석이 안되는 건 표시해 놨다가 단어를 외우면서 꾸준히 계속 보고 문법책에 있는 문장들도 해석이 안되

는 건 문법을 공부하면서 계속 보고 익히면 일석이조입니다.

수준별 영어 독해 공부법 3단계. 고수 : 심화 학습

웬만한 문장은 다 해석할 수 있고 모르는 문장이 거의 없는데 어쩌다 간혹 해석이 안되는 문장이 보이는 정도라면 노트 정리를 합니다. '영어 문장 오답 노트'를 만드는 겁니다. 구문 실력을 기르는 것은 자기가 해석이 안되는 문장을 '① 추출해서 ② 그 문장의 구조를 분석하고 ③ 여러 번 반복 학습함으로써 ④ 내 것으로 만드는 것'이 가장 효과적인 방법입니다.

영어 공부를 하면서 해석이 안되는 문장을 발견할 때마다 표시하고 노

해석이 안 되는 문장	해석
•Rarer cases involve people selling paintings that were actually painted by famous painters.	•사실 유명한 화가가 그린 것인데 (그걸 모르고) 가끔 그림을 팔아버리는 일이 있다(수반된다). ※ Rare는 few나 little처럼 부정적인 의미가 내포되어 있지 않다.
•It seems that the year of birth is to a person as vintage is to wine.	•출생년도와 그 사람과의 관계는 포도수확년도와 포도주의 관계와 같은 것처럼 보인다.
•Does it strike you as being something rather remote from your interests?	•그것이 당신이 관심 갖고 있는 것과 다소 거리가 먼 것 같은 느낌을 주는가? ※ strike : 마음에 떠오르다 인상을 주다

트에 옮겨 적습니다. 모의고사를 보고 난 뒤에도 지문을 다시 읽어 보고 모르는 문장을 꼭 골라내도록 합니다. 골라낸 문장들은 모두 노트에 정리하는 겁니다. 노트의 왼쪽 페이지에는 문장만 적고 오른쪽 페이지에는 그 문장들의 구조 분석과 해석, 어휘 등 기타 알아 두어야 할 것을 정리합니다. 노트를 반 접어 왼쪽 페이지를 보면 영어 문장만 있게 됩니다. 영어 문장만 보며 해석을 해 본 뒤 오른쪽 페이지를 보고 제대로 해석했는지 확인해 봅니다. 이렇게 정리한 노트를 여러 번 복습해서 익숙해지고 통달하고 응용할 수 있도록 합니다. 그러면 어려운 문장도 빠르고 정확하게 읽을 수 있게 되고 영어로 글을 쓰거나 말을 할 때에도 많은 도움이 될 것입니다.

단, 주의해야 할 점이 있습니다. 해석 실력이 충분히 쌓이지 않은 상태에서 '영어 문장 오답 노트'를 만들려고 하면 시간만 허비하게 됩니다. 모르는 게 많아 온갖 문장을 다 적어야 하니까요. 모르거나 해석이 안되는 문장이 많을 때는 2단계 방법대로 책에 표시해 놨다가 다시 읽는 게 더 효율적입니다. 어떤 과목이든지 오답 노트는 실력이 충분히 쌓이지 않은 상태에서 만들면 그냥 시간만 날리는 노가다일 뿐입니다. 오답 노트 만들기의 가장 중요한 원칙은 '시간을 절대 많이 허비하지 말 것'입니다.

세 가지 방법을 말씀드렸지만 결국 영어 독해 공부에서 가장 중요한 것은 하나의 문장 구조를 분석해서 여러 번 복습하는 것입니다. 복습하세요. 책 여러 권을 보지 말고 한 권을 여러 번 보세요. 실력은 복습할 때 오릅니다.

문법 공부 필살기

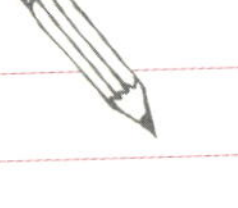

어떻게 공부하고 있니?

"원어민들은 문법을 몰라도 영어를 잘하잖아. 어떻게 일일이 문법 생각 하면서 영어를 하겠어? 다 감으로 하는 거지. 문법 다 필요 없고 감이 중 요한 거야."라고 흔히들 말합니다.

어느 나라 말이든 '문장의 규칙'이 있습니다. '문장의 규칙'은 알아야 그 나라 말을 구사할 수 있습니다. '문장의 규칙'을 의식적으로 알 수도 있고 무의식적으로 알 수도 있습니다. 흔히 '그냥 감으로 한다'라는 건 '문장의 규칙'을 무의식적으로 알고 있다는 뜻입니다. 원어민이나 어학적 재능이 뛰어난 사람은 '문장의 규칙'을 의식적으로 따로 배우지 않아도 됩니다. '문장의 규칙'을 무의식적으로 터득해서 그 나라 말을 잘 구사할 수 있기 때문이죠. 마치 천재적인 운동선수들이 운동할 때 자세를 따로 배우지 않아도 좋은 자세가 나오는 것과 같습니다. 하지만 저는 어학적 재능이 뛰어난 사람이 아닙니다. 당신도 아닐 겁니다. 우리같이 평범하고 아름다운 사람들은 '문장의 규칙'을 의식적으로 따로 배워야 합니다. 그 '문장의 규칙'이 바로 문법입니다.

한번 따져 볼까?

영어를 할 때 어떻게 문법을 일일이 다 생각할 수 있겠느냐고 반문할지도 모르겠네요. 당신이 농구를 한다고 해 보죠. 농구에서 슛하는 법을 제대로 배울 때 무릎부터 손목까지 모든 관절의 자세를 새로 교정한다고 합니다. 그래서 올바른 슛 자세를 갖추려면 모든 관절의 자세를 의식해야 합니다. 하지만 실전에서는 모든 관절의 자세를 일일이 다 의식할 수는 없겠죠? 그러면 실전에서 슛을 잘하려면 어떻게 해야 할까요? 끊임없이 연습하고 반복하면 됩니다. 그래서 올바른 자세가 완전히 뿌리박히면 실전에서 무의식적으로 나오게 됩니다. 문법도 마찬가지입니다. 일일이 문법을 다 생각하면서 영어를 할 순 없습니다. 기본적으로 언어는 감으로 하는 거니까요. 하지만 감을 기르려면 우선 문법을 공부해야 합니다. 의식적으로 문법을 익히고 끊임없이 반복해서 완전히 뿌리박히면 무의식적으로도 문법을 사용할 수 있게 됩니다. 그게 영어의 감이 되는 것이죠. 또한 감 중에서도 정확한 감을 갖기 위해서는 문법으로 다질 필요가 있습니다. 그럼 문법 공부 필살기 세 가지를 알려 드리겠습니다.

이게 바로 대박타점!

1. 진도 빼기

참 이상한 일입니다. 보통 중학교 때부터 문법 공부를 시작합니다. 그런데 중학교 3년, 고등학교 3년, 총 6년 동안 문법 공부를 하는데도 문법을 여전히 모릅니다. 수능에 필요한 문법을 다 정리해 봤자 책 한 권 분량밖에 안되는데도 말입니다. 저도 그랬습니다. 고3이 됐는데도 영어 문법을 하나도 몰라 절망에 빠져 있었습니다. 영어 문법책이 사서삼경도 아니고 서당 개도 삼 년이면 풍월을 읊는다는데 이게 대체 어찌된 일입니까?

보통 진도를 어떻게 나가는지 살펴봅시다. 책이 1단원부터 9단원까지 있다면 1단원 기초부터 심화까지 공부하고 2단원 기초부터 심화까지 공부하고 3단원 기초부터 심화까지 공부하고…… 9단원 기초부터 심화까지 공부합니다. 그런데 문제는 9단원 공부할 때쯤이면 앞부분을 다 까먹

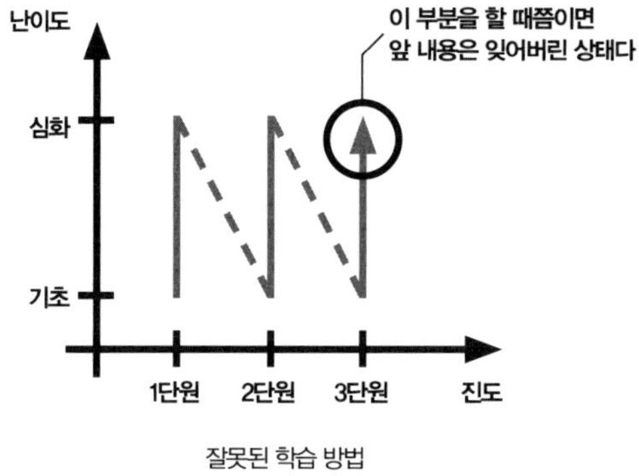

잘못된 학습 방법

습니다. 그래서 처음부터 다시 시작합니다. 다시 1단원 기초부터 심화까지 공부하고 2단원 기초부터 심화까지 공부하고 3단원 기초부터 심화까지 공부하고…… 9단원 기초부터 심화까지 공부합니다. 그런데 또 다 까먹습니다. 그것을 중·고등학교 시절 6년 동안 반복합니다. 그런데 아무리 해도 해도 다 까먹습니다. 이런 악순환이 수능 볼 때까지 반복됩니다. 결국 3월 성적이 수능 갑니다. 세 살 문법 실력이 여든 갑니다. 그러면 어찌하면 좋을까요?

공부한 내용을 자꾸 까먹게 되는 원인은 진도를 빼는 데 시간이 너무 오래 걸린다는 데에 있습니다. 책 한 권 끝내는 데 몇 달씩 걸리니 예전에 했던 건 다 까먹고 앞부분의 기초적인 지식을 모른 채로 뒷부분을 공부하니 이해가 안 가고 가면 갈수록 모르는 얘기만 나옵니다. 이러니 문법 공부를 계속 해도 해도 까먹고 남는 게 없는 거죠. 그러므로 진도를 최대한

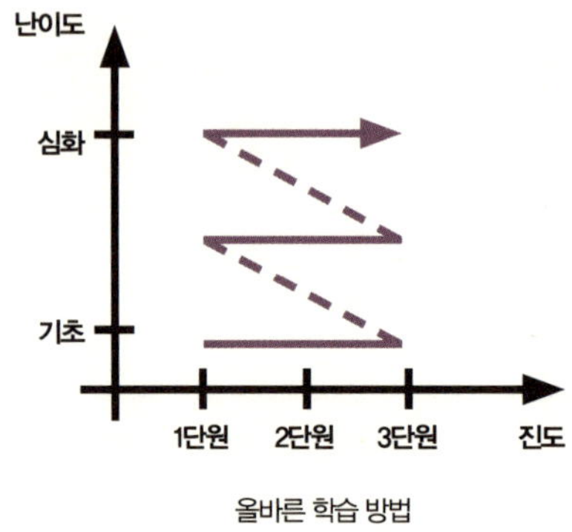

올바른 학습 방법

빨리 빼야 합니다. 심화 문제는 전부 다 건너뛰고 기본 개념과 기초 문제만으로 전 범위를 빠르게 공부하세요. 절대 시간을 오래 끌어서는 안 됩니다. 오래 끌면 앞부분을 다 까먹기 때문입니다. 교재의 마지막 부분을 공부할 때는 앞부분이 전부 기억나는 채로 공부해야 합니다.

이렇게 하면 앞부분이 전부 기억나는 채로 뒷부분을 공부할 수 있고 전 범위가 다 기억나고 체계도 잡힙니다. 그다음에 건너뛰었던 심화 문제들을 풀면 되는 겁니다.

2. 삭제하기

시중에 나와 있는 대부분의 문법책은 잡다한 내용이 너무 많습니다. 문법을 설명하기 위한 '쓸모없는 문법투성이'입니다. 간단한 것도 지나치게 복잡하고 세부적으로 분류해 놓아서 쉬운 것도 어렵게 만들고 분량이 지

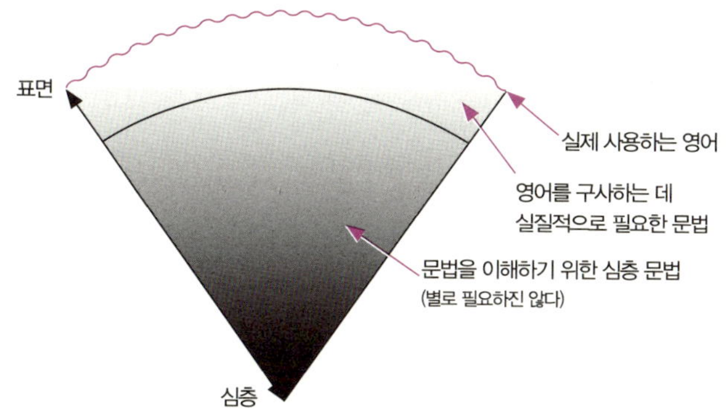

나치게 많고 필요 없는 용어들이 너무 많습니다. 실제 필요한 건 1/3 정도입니다.

예를 들어 명사의 종류나 변화 같은 거 알 필요도 없습니다. 셀 수 있는 명사인지 아닌지 정도만 구별할 수 있으면 되지요. 문법책에 설명한 that이 명사 반복을 피하는 것이든 앞 문장 전체를 받는 것이든 전혀 알 필요도 없습니다. 그냥 해석하면 되지요. 그런 거 몰라도 영어를 정확히 쓸 수 있습니다. 컴퓨터의 사용법만 알면 되지 컴퓨터의 온갖 원리를 다 이해할 필요는 없습니다. 마찬가지로 문법도 영어를 정확히 사용할 수 있게 '문장의 규칙'만 잘 파악해 두면 되지 심오한 문법을 다 이해할 필요가 없습니다. '문법학자'가 아닌 '문법 사용자'면 됩니다. 영어 시험에서는 '문법을 잘 사용할 수 있는지'만 묻기 때문입니다.

문법 공부가 어려운 가장 큰 이유 중 하나는 공부 안 해도 되는 어려운

 또 이렇게 쓸모 없는 공부 분량이 많으니까 진도 한 번 빼는 데 시간이 너무 오래 걸리는 거지요. 실제 영어를 사용하고 수능 어법 문제를 푸는 데 알아야 할 문법은 그렇게 많지 않습니다. 수능에 나오는 어법은 거의 정해져 있습니다.

문법은 인터넷 강의를 들으세요. 영어 문법 공부에서 가장 중요한 건 잡다한 군더더기가 없는 깔끔하고 체계적인 개념 정리입니다. 영어 문법은 잘 가르치는 선생님이 필요한 내용만 명쾌하게 정리한 강의를 듣는 것과 그냥 공부하는 것의 차이가 큽니다. 괜히 혼자 공부해 보겠다고 애쓰다가 시간 허비하지 마세요. 이해도 잘 안 가고 헷갈리고 정리도 잘 안됩니다. 또 별로 잘 가르치는 게 없는 학원도 가지 마세요. 꼭 필요한 부분이 어딘지 분석해 보지 않고 책에 있는 온갖 쓸데없는 걸 다 가르치려 할 겁니다. 인터넷 강의를 할 정도의 강사면 쓸데없는 걸 배제하고 필요한 내용 중심으로 가르쳐 줄 겁니다. EBS 같은 무료 강의도 많으니 참고하길 바랍니다.

3. 적용하기

문법을 웬만큼 이해했더라도 실제 문제를 풀 때 적용하기 힘듭니다. 그래서 적용하는 훈련을 한답시고 문제를 줄기차게 풉니다. 하지만 원래 풀 수 있는 건 맞고 원래 못 푸는 건 틀릴 뿐 실력은 늘지 않습니다. 다양한 문법 문제를 풀어 봐야 시험 볼 때 어법 문제를 잘 풀 수 있는 게 아닙니다. 어법은 문제 유형이 거의 정해져 있습니다. 그러니 다양한 문제를 풀

 한 가지를 끊임없이 반복하고 확실히 익혀 놔야 거기서 변형되고 응용되어도 문제를 풀 수 있습니다. 틀린 문제가 자신의 약점이고 그걸 복습해서 극복해야 실력이 늡니다. 계속 새로운 문제를 푸는 건 약점이 뭔지 확인만 하고 극복은 안 하는 것과 같습니다. 계속 새로운 문제를 풀어 봤자 실력은 제자리입니다. 실력은 여러 문제를 한 번씩 풀 때 오르는 게 아니라 한 문제를 여러 번 풀 때 오릅니다.

문제 풀이에 들어가기 전에 인강 교재의 기본 개념과 문제를 계속 복습하세요. 최소 다섯 번은 복습하기 바랍니다(저는 수능 볼 때까지 서른 번 정도 했습니다). 거의 외우다시피 할 정도로 반복해야 합니다. 책 한 권에 있는 문제를 확실히 익혀 놔야 시험에서 그와 유사한 문제를 맞힐 수 있습니다. 익숙한 대상을 볼 때 좀 더 깊게 생각할 여유가 생깁니다. 한 가지 대상만으로 연구를 해야 제대로 알 수 있습니다. 연구 대상이 계속 바뀌면 통달할 수 없습니다. 대부분 책을 한 번만 보고 새 책을 봅니다. 기본 개념이 체계적으로 잡히지도 않았는데 계속 새로운 책을 보면 개념을 잡는 데 시간이 오래 걸려 비효율적입니다. 문제집을 여러 권 풀지 말고 기본 교재 한 권을 끊임없이 반복해서 통째로 머릿속에 집어넣어야 합니다.

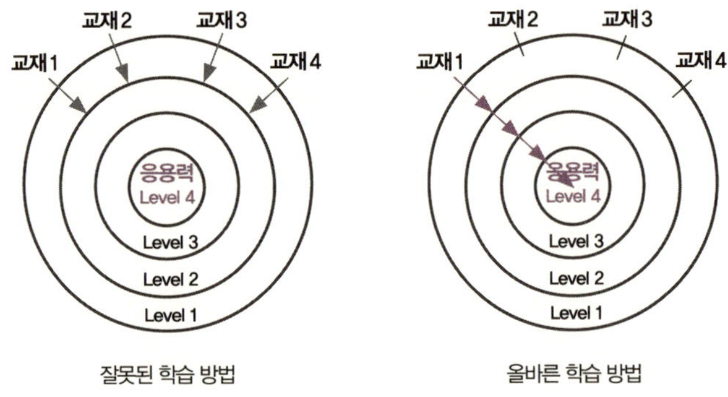

잘못된 학습 방법　　　　올바른 학습 방법

위 그림대로 계속 여러 책을 봐 봤자 공부의 깊이는 제자리걸음입니다 (level 1→1). 하지만 같은 책을 한 번 더 보면 아무래도 더 깊게 공부할 수 있죠(level 1→2). 다시 한 번 복습하면 더 깊어집니다(level 2→3). 거기서 계속 복습하면 완전히 통달이 됩니다(level 3→4). 그리고 통달하면 처음 보는 문제나 새로 보는 책을 쉽게 마스터할 수 있습니다.

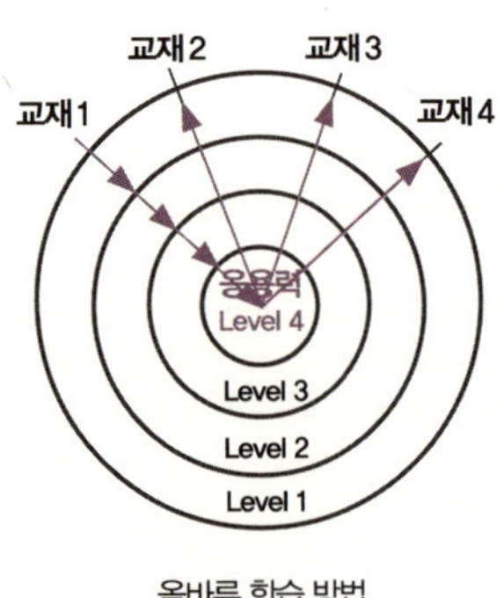

올바른 학습 방법

책 한 권을 마스터했던 노하우가 다른 책을 쉽게 마스터할 수 있는 노하우가 됩니다.

권장 문법 공부 계획

① 인강 듣기(인강에는 잡다한 내용이 없다.)

② 인강 교재의 기본 개념과 기초 문제만 다섯 번 이상 복습하기

③ 인강 교재의 심화 문제 여러 번 복습(답이 외워져도 스스로 해설할 수 있
   는 수준이 아니면 계속 복습해야 한다.)

④ 수능 기출 어법 문제 풀기

⑤ 수능 기출 어법 문제 여러 번 복습하기

듣기공부 필살기

한번따져볼까?

영어 듣기가 안 되는 원인은 대개 두 가지입니다. 첫째는 영어 정보 처리 속도가 느리기 때문입니다. 영어 듣기가 안되는 사람들 중에는 읽는 속도가 느린 경우가 많습니다. 다시 말해 영어 발음이 안 들린다기보는 쉼 없이 밀려오는 단어들을 제때제때 처리하지 못하고 밀리고 놓치게 되어 결국 무슨 말을 했는지 못 듣는 것입니다. 마치 빠른 속도로 지나가는 자막을 다 읽지 못해 이해하지 못하는 것처럼 말이죠. 이 경우에는 영어 지문을 빨리 읽는 훈련을 하면 자연히 해결됩니다. 즉, 영어 독해력을 기르면 됩니다.

두 번째는 영어 발음을 식별하지 못하기 때문입니다. 어떻게 공부하면 영어 발음을 잘 식별할 수 있을까요? 계속 새로운 듣기 테이프를 들으며 문제를 푸는 건 효과가 없습니다. 대부분 한 테이프를 기껏해야 두세 번 정도밖에 안 듣습니다. 제대로 들어 본 테이프가 하나도 없고 제대로 들리는 테이프가 하나도 없는 겁니다. 테이프 100개를 겉핥기로 듣는 것보다 한 개라도 제대로 듣는 게 실질적으로 도움이 됩니다. 연습할 때 제대로 듣는 훈련을 해야 실전에서 제대로 들을 수 있습니다. 연습할 때 겉핥기식으로 아무리 많이 들어도 실전에서 겉핥기로밖에 안 들립니다. 여러 테이프를 한 번씩 듣는 것보디는 한 테이프를 집중적으로 반복해서 영어로 들리는 문장 하나하나, 단어 하나하나, 알파벳 하나하나가 어떻게 소

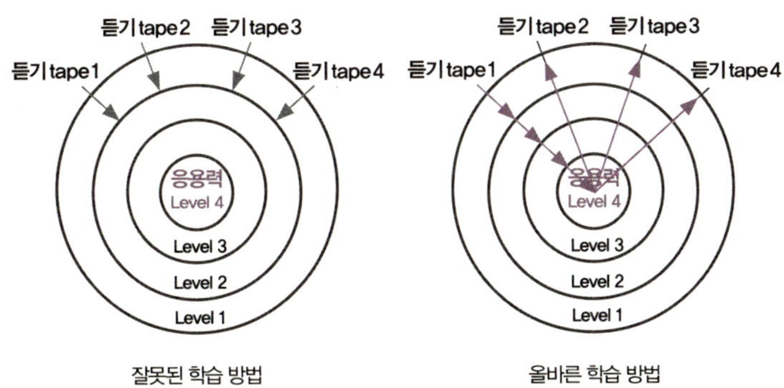

잘못된 학습 방법 올바른 학습 방법

리 나는지 유심히 듣는 게 효과적입니다.

이게 바로 대박타점!

테이프를 제대로 듣기 위해서는 반드시 받아쓰기를 해야 합니다. 가능한 한 대본을 보지 않고 테이프에서 나오는 말을 최대한 잘 받아쓰도록 노력하세요. 만약 여러 번 시도해도 안 들리는 단어가 있다면 건너뛰세요. 물론 안 들린다고 바로 포기하라는 얘기가 아닙니다. 거의 모든 단어들은 다 받아 적었는데 여러 번 들어도 안 들리는 몇몇 단어만 건너뛰라는 겁니다. 왜냐하면 아예 모르는 단어이거나 그 단어의 발음이 어떻게 나는지 몰라서 원래 '듣기가 불가능한 단어'일 수도 있기 때문입니다. 이런 것에 시간을 낭비하면 안 됩니다. 만약 그 단어 발음을 몰랐던 경우면 대본만 확인하고 넘어가지 말고 다시 들으면서 발음을 소리 내어 따라 읽으면서 연습하세요.

받아쓰기를 다 했다고 해서 그 테이프를 다 공부한 것은 아닙니다. 대본 내용을 알고 나서 단어들을 알아듣는 정도의 수준으로는 발전이 없습니다. 사실 대본을 읽었는데 못 알아듣는 사람이 어디 있겠어요? 단어들이 인식된다고 해서 모든 세부적인 알파벳 하나하나의 소리를 다 들은 게 아닙니다. 세세한 발음까지 다 들어야 합니다. 무슨 단어인지 인식하는 정도가 아니라 단어의 음절 하나하나의 발음까지 인식해야 합니다. "이 부분에

선 'c'가 어떻게 발음 됐고 여기서 't'가 묵음이고 이 단어와 저 단어 사이에 연음이 생겼고" 등 이렇게 영어 발음을 들으려는 훈련을 해야 합니다.

가장 좋은 방법은 영어 발음을 고치는 것입니다. 영어 모음, 자음 소리를 올바로 내고 연음이나 기타 발음 방식을 익히는 겁니다. 소리를 낼 수 있다면 듣는 건 너무나 쉽습니다. 노래를 익힐 때 따라 불러야 한 음 한 음 정확히 익힐 수 있듯이 테이프 하나 정해서 중얼중얼 따라 읽으며 계속 들으세요. 여러 번 들어서 대본 다 외워졌다고 멍하니 듣지 말고 귀의 감각을 날카롭게 세우세요. 외워질 정도로 계속 들으며 따라 읽으세요. 최대한 비슷하게 따라 하려고 노력하면 점점 더 주의 깊게 듣게 됩니다. 이렇게 한 테이프라도 최대한 완벽히 들으려는 훈련을 하세요. 음절 하나하나 들리기 시작하면 처음 듣는 테이프도 귀에 빨려 들어가듯 들릴 것입니다.

단어 공부 필살기

이게 바로 대박타점!

1. 가리개는 필수

단어가 안 외워지는 가장 큰 이유는 어휘책을 그냥 멍하니 쳐다보기 때문입니다. 무언가를 암기하려면 머리를 적극적으로 굴려야 합니다. 그냥 보고 있다고 외워지는 게 아닙니다. 머리가 활발히 활동해야 외워집니다.

영어 단어를 외울 때 가리개를 하나 준비하세요. 가리개로 단어 뜻을 가리고 '뭐였더라?' 하며 궁리해 보고 뜻을 확인하고 '아, 맞다!' 하며 머리에 각인시키는 겁니다. 혼자 영어 단어 시험을 보는 거라고 생각하면 되겠네요. 뜻이 생각나면 넘어가고 모르겠으면 표시해 둡니다. 그리고 표시한 단어를 중심으로 계속 뜻을 가리고 단어 시험을 보는 겁니다. 이렇게 머리를 적극적으로 굴리면 잘 외워집니다.

2. 여러 번 본다

퀴즈를 하나 낼게요. 열 단어를 '10초간 한 번씩 보는 것'과 '1초씩 열 번 보는 것' 중 어느 것이 암기가 잘될까요? 정답은 두 번째 '1초씩 열 번 보는 것'입니다. 이에 대한 과학적인 연구 결과도 있습니다. 단어를 본 시간이 긴 것보다 본 횟수가 많은 것이 암기가 잘된다고 합니다. 암기는 여러 번 보는 것이 중요합니다. '뭐였너라?' '아, 맞다!'를 어러 번 할수록 그 단어는 머릿속에 깊게 새겨집니다. 제가 공부한 방식을 소개할 테니 각자 상황에 맞게 적용하기 바랍니다.

첫째 날 1, 2, 3장을 모르는 단어에 표시(/)하면서 단어를 외웁니다. 표시한 단어는 하루에 최소 세 번은 봐야 합니다(물론 더 많이 보면 좋고요). 세 번을 보더라도 연달아서 세 번 보는 것보다 아침, 점심, 저녁 시간을 흩어 놓아야 '뭐였더라?' '아, 맞다!' 하는 효과가 좋습니다. 둘째 날 2, 3, 4장을 같은 요령으로 표시해 가며 외웁니다. 첫째 날 공부한 2, 3장의 표시(/)한 단어들을 또 모르겠다면 표시를 한 개 더(//) 합니다. 셋째 날 3, 4, 5장을 같은 요령으로 표시해 가며 외웁니다. 결국 3장은 3일 동안 보게 되는데 3일째에도 안 외워진 단어는 또다시 표시(///)합니다. 이렇게 장마다 3일에 걸쳐 보면서 세 번 표시(///)된 것들을 1주일에 한 번씩 다시 외웁니다. 한두 번 표시(/, //)된 단어들도 잊지 않도록 가끔씩 봐 줘야 되고요. 하루에 몇 장씩 볼지, 하루에 몇 번씩 볼지, 며칠에 한 번 전체 복습을 할지 등 세세한 것들은 각자 상황에 맞게 정하기 바랍니다.

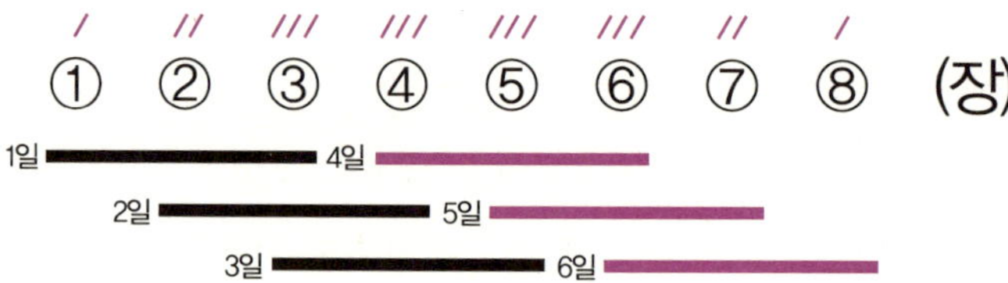

3. 예문

영어는 국어로 해독해야 하는 '암호'가 아니라 국어와 마찬가지로 의미와 직결되는 '언어'입니다. 'telephone'이란 영어 단어를 보면 바로 '☎'라는 의미로 이해해야지 'telephone'이란 영어 단어를 보고 '전화'라는 우리말 단어를 떠올리고 '☎'라는 의미를 이해하면 안 됩니다.

따라서 단순히 영어에 대응된 우리말 뜻을 외우는 것으로는 부족합니다. 영어 단어에 대응된 우리말 단어가 영어의 뜻을 온전하게 표현하지

telephone → 전화 → ☎ (×)

telephone → ☎　　　(○)

못합니다. 어감이나 내포된 의미, 사용하는 상황 등에서 차이가 납니다. 이 때문에 영어 단어를 우리말 단어로 바꿔서 해석하면 문장의 의미가 온전하게 이해되지 않고 해석 속도가 느려지게 됩니다. 게다가 분명히 외운 단어인데도 지문 속에 쓰이면 뜻이 안 떠오르는 경우도 많이 발생합니다.

이런 문제를 해결하기 위해선 단어를 예문 중심으로 공부해야 합니다. 예문을 통해서 단어의 쓰임새를 보며 그 단어의 어감이나 내포된 의미, 사용하는 상황 등을 파악해야 비로소 제대로 된 어휘 학습이라 할 수 있습니다. 영어를 영어 속에서 이해해야 그 뜻을 온전하게 이해할 수 있습니다. 그리고 탐구영역에서 개념 공부만 해 봤자 문제 풀이로 적용 연습을 안 하면 말짱 꽝이듯이 영어 단어도 외워 놔 봤자 예문을 통해 문장 속에서 적용 연습을 하지 않으면 말짱 꽝입니다. 단어가 문장 속에서 나왔을 때 해석을 제대로 할 수 없으니까요. 또한 예문에 적용하면서 한 번 더 복습하게 되고 머리를 적극적으로 굴리게 돼서 암기가 잘됩니다. 예문 보기 귀찮다고 안 본다면 귀찮아서 영어 단어 안 외우겠다는 것과 같습니다.

4. 연상법

tragedy[trædʒədi] → 비극

연상법 : 일이 틀어지디?

위는 'tragedy'라는 단어를 외우기 위해 연상법을 사용한 것입니다. 'tragedy'의 독음과 뜻 '비극'을 결합해 '일이 틀어지디?'라는 문장을 만들어 두면 'tragedy'의 뜻이 쉽게 외워지죠. 연상법을 활용하는 게 맞는 사람도 있고 안 맞는 사람도 있습니다. 시중에 연상법을 활용한 단어를 외우는 방법을 제시하는 교재나 강의가 있습니다. 어떤 사람은 구매하고 '돈 날렸다, 억지스럽다'라고 하기도 하고 어떤 사람은 '덕분에 살았다, 단어 엄청 많이 외웠다'라고 하기도 합니다. 그래서 함부로 추천은 못하겠습니다만 저 같은 경우에 효과를 봤습니다. 좀 억지스럽더라도 연상법으로 머리를 적극적으로 굴려서 암기가 훨씬 잘됐습니다.

5. 어근

어근과 접사도 단어 외우는 데 적극 활용해야 합니다. 예시를 보여 드리겠습니다.

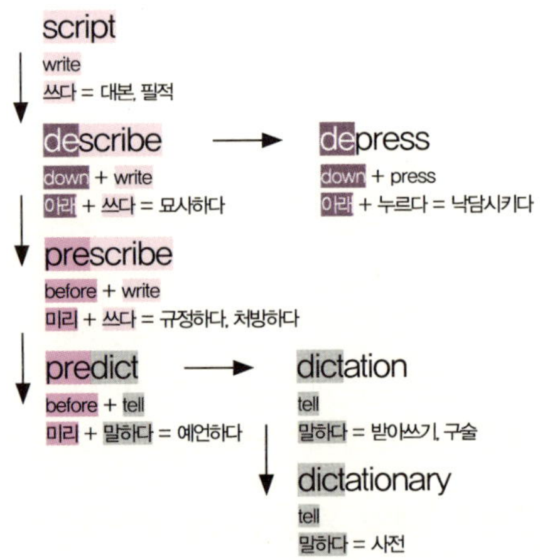

앞의 예시를 통해 'script(scribe), de, pre, dict' 몇 개의 어근과 접사가 결합해서 여러 가지 단어를 만들어 내는 것을 볼 수 있습니다. 마치 우리말에서 '목(나무 木)' 한 글자를 알아 두면 '식목일, 목재, 각목, 목각 인형, 목수, 목검'의 뜻을 알기가 쉽듯이 영어의 어근과 접사를 알아 두면 영어 단어의 뜻을 알기 쉽습니다. 굉장히 유용하죠?

6. 문맥 추론

단어는 끝없이 많지만 단어 지식에는 한계가 있습니다. 아무리 외워도 언제나 모르는 단어는 나타나기 마련입니다. 가능하면 단어를 많이 외워 두면 좋겠지만 시험 볼 때 처음 보는 단어가 나왔을 경우 헤쳐 나가는 노하우가 필요합니다. 모르는 단어를 전체 문맥에 따라 추론해 낼 수 있다면 그게 바로 어휘력입니다. 모르는 단어를 보았을 때 바로 사전을 찾아보지 말고 잠시 그 단어가 무슨 뜻인지 추측해 본 다음에 사전을 찾아보세요. 실전에서 더할 나위 없이 유용한 능력이 될 겁니다.

7. 단어장 만드는 것에 대해

종종 영어 잘하는 사람들의 인터뷰를 보면 모르는 단어를 수첩에 적어 손수 영어 단어장을 만들었다는 얘기가 나옵니다. 그래서 수첩에 영어 단어장을 만들어야 할지에 대해 고민하는 분들이 많습니다. 단어장을 직접 만드는 게 좋을까요?

영어 단어장을 만든다면 이런 일이 생길 수 있습니다. 영어 지문을 읽는데 모르는 단어가 나왔습니다. 그런데 중요하지 않은 단어입니다. 하지만 영어를 배우는 입장에서 그 단어가 중요한지 안 중요한지 판단할 능력이 없으므로 수첩에 적어 중요하지 않은 단어를 열심히 외웁니다. 또 중요한 단어가 있는데 운이 나빠서 내가 읽은 영어 지문에는 나오지 않을 수 있습니다. 하지만 영어를 배우는 입장에서 중요한 단어를 빠트렸는지 알 도리가 없으므로 중요한 단어를 외우지 않습니다. 결국 단어장을 만들다 보면 중요하지 않은 단어는 열심히 외우고 중요한 단어는 못 외우는 불상사가 발생합니다.

반면에 출판된 어휘책에는 장점이 많습니다. 예문이 풍부하고 파생어, 동의어, 반의어도 다 정리되어 있습니다. 예문이 유용한 건 이미 말씀드렸습니다. 파생어를 눈에 익혀 놔야 실전에서 외운 단어가 여러 가지 형태로 변형돼도 알아볼 수 있습니다. 또 동의어, 반의어를 확인하면서 외우면 머릿속에 깊이 각인되는 효과가 있습니다. 그냥 출판된 어휘책을 사서 외우면 될 것을 시간과 노력을 들여서 좋지도 않은 어휘책을 손수 만들어서 공부할 필요는 없습니다.

'내 손으로 직접 정리하면 머리에 더 잘 들어오지 않겠는가?' 하는 의문이 들 수 있습니다. 물론 손으로 직접 정리한 게 그냥 한 번 보는 것보단 머릿속에 많이 남습니다. 하지만 손으로 한 번 정리할 시간에 열 번은 더 볼 수 있습니다(암기는 본 시간이 긴 것보다 본 횟수가 많은 것이 더 효과 있습니다).

'영어 잘하는 사람들이 단어장 만드는 건 어떻게 된 건가요?'라는 의문이 들 겁니다. 하지만 그런 사람들은 영어에 대한 열정이 워낙 대단하고 노력을 많이 하는 사람들입니다. 그래서 잘하는 것뿐입니다. 또는 보통 사람들보다 어학적 재능이 뛰어나서일 수도 있고요. 방법이 좋아서가 아닙니다. 손수 수첩에 만든 단어장은 절대 시중에 출판된 어휘책의 효율을 따라갈 수 없습니다.

8. 마지막으로

"영어 단어 어떻게 해야 잘 외워져요?"

가장 중요한 건 어떻게 암기했느냐가 아닙니다. 외울 게 많다고 안 외워진다고 맥 풀려서 하는둥 마는둥 하지 말고 인내를 갖고 열심히 노력하는 자세가 중요합니다. 턱없이 많은 분량 앞에 주저앉지 않고 한 단어라도 더 외우려고 해야 합니다.

시험 보기 필살기

어떻게 공부하고 있니?

"지문을 다 읽어야 하나요? 몇몇 문장만 골라 읽어야 하나요?"

영어 시험을 볼 때 시간 안에 지문을 다 읽고 문제를 푸는 게 쉽지 않습니다. 그래서 지문의 모든 문장을 다 읽고 문제를 풀어야 할지 아니면 지문을 다 읽지 말고 첫 문장과 마지막 문장만 읽는 식으로 몇몇 문장만 골라 읽고 문제를 풀어야 할지 고민하는 분들이 많습니다. 지문을 다 읽으면

	지문 다 읽기	지문 골라 읽기
정확도	O	X
시간 절약	X	O

문제 풀 때 정확도는 올라가지만 시간이 오래 걸립니다. 몇몇 문장만 골라 읽으면 시간은 절약되지만 문제 풀 때 정확도가 떨어집니다.

지문을 다 읽으려고 하면 시험지 뒷부분 문제를 풀지 못해서 틀릴 것이고 몇몇 문장만 골라 읽으려 하면 문제를 다 풀어도 정확도가 떨어져서 틀리겠죠. 떡볶이 먹고 김밥 먹으나 김밥 먹고 떡볶이 먹으나 그게 그거이 듯이 이렇게 틀리나 저렇게 틀리나 똑같습니다. 때문에 '지문을 다 읽어야 하나요? 몇몇 문장만 골라 읽어야 하나요?'라는 질문 자체가 틀렸습니다. 지문을 다 읽는 방법도 몇몇 문장만 골라 읽는 방법도 잘못된 것입니다.

한번 따져 볼까?

영어 시험을 볼 때 지문 해석은 다 되는데 답을 찾지 못할 때가 있습니다. 주로 언어영역을 못하는 분들이 그렇습니다. 영어 시험에도 언어영역 실력이 필요합니다. 어떤 사람들은 영어를 잘 못하지만 언어영역 실력이 굉장히 뛰어나서 답을 잘 찾아내기도 합니다. 또 어떤 사람들은 거의 원어민 같은 영어 실력을 갖고 있으면서도 이상하게 시험만 보면 다 틀립니다. 마치 국어를 잘해도 언어영역 시험을 잘 못 보듯이 영어 지문이 분명다 해석되는데도 답을 고르지 못합니다(틀리고 나서 해설을 봐도 납득하지 못하고 문제가 이상하다고 강력히 주장하기도 합니다). 영어 시험은 지문을 읽고 난 느낌과 감상으로 적당히 답을 고르는 게 아닙니다. 영어 시험 또한 언어영역처럼 지문 속의 정확한 근거와 논리에 기초해서 답을 내야 합니다.

이게 바로 대박타점!

영어 지문을 언어영역 지문 읽듯이 중심 문장과 뒷받침 문장을 구별해 가며 글의 구조를 파악하며 읽는다면 지문을 다 안 읽고도 문제를 정확히 푸는 게 가능합니다. 글 구조가 단순하다면 중심 문장만 잘 읽고 뒷받침 문장은 적당히 흘려 읽거나 건너뛰기도 하며 지문을 조금만 읽고 답을 낼 수도 있습니다. 그러니까 '앞으로는 방금 읽은 중심 문장을 뒷받침하는 문장들만 나올 것이다'라는 걸 파악하면 지문을 다 안 읽고 건너뛰고도 답을 낼 수 있습니다. 시간도 절약되고 정확도도 높은 방법이죠. 물론 글이 어려운 경우 지문을 다 읽어야 할 때도 있습니다만 대체로 다 읽지 않아도 정확히 풀 수 있습니다. 이렇게 할 수 있기 위해선 글 전체 구조를 정확히 파악할 수 있는 언어영역 실력이 필요합니다. 시험지를 시간 안에 푸는 실전 연습을 하는 것보다는 지문을 꼼꼼히 읽어 보며 지문의 구조를 파악하는 연습을 하세요. 그러면 '빠르고 부정확하게'와 '느리고 정확하게'가 아닌 '빠르고 정확하게' 문제를 풀 수 있습니다. 시간 안에 모든 문제를 잘 풀 수 있습니다.

언어영역 실력을 쌓는 구체적인 방법은 대박타점 국어 공부법 편 '읽으면서 암기&예측하는 지문 독해 필살기'에서 자세히 알려 드리겠습니다.

수능 외국어영역 명품 공부 계획

영어의 기본 실력이라 하면 문법, 어휘, 독해, 듣기를 들 수 있습니다. 영어 공부 계획은 마땅히 이 네 가지를 가장 효율적으로 습득할 수 있도록 짜여져야 합니다.

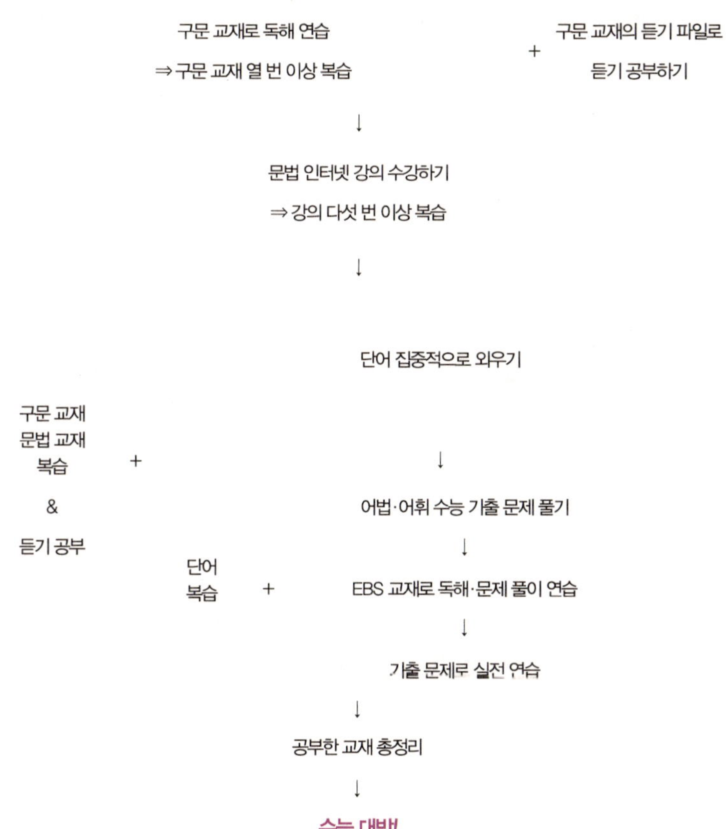

영어 공부의 기본은 문법이 아닌 독해!

대부분 영어 공부를 문법부터 시작하는 경우가 많습니다. 하지만 충분한 독해 실력이 뒷받침되지 않은 상태에서는 문법 공부를 아무리 열심히 해도 헛공부입니다. 문법을 단지 이론적으로만 알 뿐 실전에서 적용할 수 없습니다. 문법 자체는 이해가 되도 그것이 영어와 상관없는 이론이 돼 버립니다. 독해도 문법도 결국 '문장의 규칙'을 공부하는 겁니다. 독해가 '문장의 규칙' 공부의 기본이라고 한다면 문법은 '문장의 규칙' 공부의 심화입니다. 기본이 되어 있어야 심화를 할 수 있겠죠? 뿌리가 튼튼해야 나무가 잘 자라듯 독해가 되어 있어야 문법을 잘할 수 있습니다. 참고로 듣기 공부도 독해가 먼저 뒷받침되어 있어야 합니다. 들은 내용을 정확히 해석할 수 있어야 듣기 공부를 제대로 할 수 있으니까요. 영어 공부는 우선 독해로 시작하세요.

Step 1. 구문 교재로 독해＋듣기 공부

'독해 공부 필살기'에서 알려 드린 '영어 독해 공부법 1단계' 방식으로 독해 공부를 하세요. 구문 교재를 열 번 이상 복습하세요. 구문 교재를 여러 번 복습하면 독해 훈련을 하면서 거기에 있는 단어도 같이 외워질 겁니다. 그러니 따로 단어를 외울 필요가 없습니다. 또한 독해 공부를 통해 영어의 문장 구조를 익힘으로써 문법의 기본 토대가 마련됩니다. 그와 동시에 구문 교재의 듣기 파일로 듣기 공부를 하세요(웬만한 구문 교재는 출판사 홈페이지에 듣기 MP3 파일이 있습니다). 구문 교재에서 당신이 어려워하는 부분으로 듣기 공부를 하는 겁니다. 그러면 듣기 공부를 하면서 독해 실력도 향상시킬 수 있습니다. 즉, 일석사조입니다(독해→독해, 문법, 어휘, 듣기).

Step 2. 문법 인터넷 강의 듣기

구문 교재를 공부하며 영어의 문장 구조를 웬만큼 익혔으면 문법 공부를 시작합니다. 문법 인터넷 강의를 수강하세요. 독해 공부를 충분히 한 다음에 문법을 공부하면 영어의 문장 구조를 더욱 깊이 있게 볼 수 있어 문법 실력뿐만 아니라 독해 실력도 함께 향상됩니다(문법 인강을 들으면서 구문 교재도 틈틈이 복습하세요). 확실히 익히지 못한 부분만 복습하시면 됩니다. 문법 강의 교재로 문법만 공부하지 말고 문법책의 영어 문장들을 '독서'하면서 독해 공부도 함께 하세요. '독해 공부 필살기'에서 알려 드린 '영어 독해 공부법 2단계' 방식대로 문법 교재의 영어 문장들을 전부 다 꼼꼼히 읽고 해석하고 해석이 안되는 문장은 표시하고 구조 분석까지 해 보세요. 문법 강의 교재는 다섯 번 이상 복습하세요. 그러면 문법도 확실히 알게 되고 독해 공부도 하게 되고 문법 교재에 있는 단어도 자연히 외워집니다. 즉, 일석삼조입니다(문법→문법, 독해, 어휘).

Step 3. 단어 외우기＋문제 풀이

문법의 기본을 다졌으면 본격적으로 단어를 외우기 시작합니다. 어휘 공부를 너무 늦게 시작하는 것 같나요? 그렇지 않습니다. 구문 교재, 문법 교재를 여러 번 공부하면서 거기에 있는 단어를 이미 외우고 있었습니다. 어휘 공부를 처음부터 시작했던 거지요. 그것만으로도 상당히 많은 양의 단어를 외우게 되므로 어휘 책으로 따로 외워야 할 단어가 훨씬 줄어들게 됩니다. 어휘 공부를 하면서도 독해 공부를 함께 하는 좋은 방법이 있습니다. 단어를 외우면서 그 단어의 예문을 독서하는 겁니다. 예문을 전부 해석해 보고 해석이 안되는 문장을 표시하고 구조 분석해서 단어를 외우면서 계속 복습하세요. 즉, 일석이조입니다(어휘→어휘, 독해).

Step 4. 문제 풀이

어법·어휘 수능 기출 문제를 풀면서 문법과 어휘 실력을 다집니다. 그 다음에는 EBS 독해 문제집을 푸세요. 물론 단순히 문제 풀이만 하는 게 아니라 '영어 독해 공부법 2단계' 방식대로 문제집의 영어 문장들을 전부 다 꼼꼼히 읽고 해석하고 해석이 안되는 문장은 표시하고 구조 분석까지 해 보세요. 마지막으로 수능·평가원·교육청 기출 문제로 시간을 재고 시험 보는 실전 연습을 합니다. 그리고 수능 전까지 공부했던 모든 교재를 복습합니다.

제가 제시한 영어 공부 계획이 반드시 지켜야 할 절대적인 기준은 아닙니다. 모범적인 영어 공부 계획 중 하나라고 생각하면 됩니다. 이걸 참고하여 여러분 상황에 맞게 적용해야 합니다. 예를 들어 어휘력이 지나치게 부족할 경우 제일 먼저 단어부터 작정하고 외워야 할 수도 있고 독해가 웬만큼 된다면 문법을 먼저 시작하는 게 좋을 수 있습니다. 또 영어 실력이 턱없이 부족하면 문법과 듣기를 포기하고 수능 때까지 독해와 어휘만 공부해야 할 수도 있고 기본 영어 실력이 뛰어나면 실전 모의고사만 몇 번 풀어 보고 나머지 시간은 전부 다른 과목에 투자할 수도 있는 일입니다. 중요한 건 전체적인 공부 계획을 반드시 세워야 한다는 겁니다. 본인이 직접 커리큘럼을 짜야 합니다. 이것도 해야 할 것 같고 저것도 해야 할 것 같아 그날그날 잡히는 대로 무작정 공부해서는 아무것도 되지 않습니다. 자신의 실력을 끌어올릴 수 있는 가장 효과적인 작전을 짜야 합니다. 가능한 일석이조, 일석삼조가 되도록 공부 순서를 정해야 합니다. 시험을 잘 보기 위해 어떤 능력이 필요하고 자신에게 부족한게 무엇인지 분석하세요. 그리고 자신의 상태에서 필요한 능력을 키우기 위해 어떻게 공부해야 할지 계획을 세우세요.

내신 영어 명품 공부 계획

수능도 대비되는 내신 영어 독학 공부법

영어는 내신 시험과 수능 시험이 많이 다릅니다. 그래서 잘못 공부하면 내신 영어 공부는 열심히 해서 내신 시험은 잘 봤는데 수능은 전혀 대비가 안되어 있을 수 있습니다. 또는 수능 영어 공부는 열심히 해서 모의고사는 잘 볼 수 있는데 내신 시험 성적은 안 좋은 경우가 있습니다. 입시를 성공적으로 치르기 위해서는 수능과 내신, 두 마리 토끼를 모두 잡는 것이 관건입니다. 수능도 대비되는 내신 영어 독학 공부법을 알려 드리겠습니다.

독해

교재	교과서 & 학교 수업 보충 교재
방식	학교 수업 교재 지문 독서하기

　'영어 독해 공부법 2단계'의 '중수 : 적용 연습'에서 알려 드린 대로 교과서의 영어 지문을 다음 방식으로 공부합니다. 그러면 내신 공부도 하면서 자연스럽게 수능에 필요한 독해 실력이 생기게 됩니다.

① 한 문장 한 문장 꼼꼼히 해석하기

② 해석 안되는 문장 표시하기

③ 해설지 해석 읽고 해석을 제대로 했는지 확인하기

④ 제대로 해석하지 않은 문장 표시하기

⑤ 해설지 해석 참고해서 표시된 문장 구조 분석하며 다시 해석하기

⑥ 표시된 문장 열 번 이상 복습하기

어휘

교재	교과서 & 학교 수업 보충 교재
방식	학교 수업 교재에 나오는 단어부터 외우기 (다른 단어장은 외우지 말고 교과서나 학교 보충 교재에 있는 단어부터 외운다.)

1. 중요한 단어의 순서

이왕 단어를 외울 거면 중요한 순서대로 외워야겠죠? 여기서 중요한 단어라는 건 제일 필요한 단어입니다. 그렇다면 당신에게 제일 필요한 단어는 무엇이겠습니까? 그야 당연히 내신 시험에 나오는 단어입니다. 그러니 굳이 다른 단어장을 외울 게 아니라 교과서나 학교 보충 교재에 있는 내신 단어부터 외우는 게 더 좋습니다. 종종 내신 시험은 버리고 오직 모의고사에만 주력한다며 교과서·보충 교재 단어를 안 외우고 수능 영단어장 단어만 외우려고 하는 후배님들이 있습니다. 하지만 내신은 포기하고 오직 수능으로만 대학 가겠다고 할지라도 내신 단어부터 외운다고 해서 손해 볼 건 없습니다. 내신 단어를 외운다고 수능 단어를 못 외우는 게 아닙니다. 내신 단어가 곧 수능 단어입니다. 그러나 수능 단어가 내신 단어는 아니지요. 그렇기 때문에 이왕이면 수능 단어장보다 내신 단어를 외우는 게 더 유리한 겁니다. 수능 위주로 공부한다 해도 내신 단어 공부해서 손해 볼 것도 없고 내신 시험도 대비가 되니까요. 이렇게 하면 내신과 수능 두 마리 토끼를 잡을 수 있습니다.

2. 반복 효과

암기는 반복입니다. 보고 있는 시간보다 본 횟수가 더 중요합니다. 단어를 외우려면 여러 번 보는 게 최고입니다. 내신 단어를 외우면 학교 수업 시간에 또 보게 되고 시험 준비할 때 또 보게 됩니다. 반복할 기회가 많은 단어입니다. 그런 단어를 집중적으로 외워야 어휘력이 빨리 향상됩니다.

3. 적용 효과

단어의 뜻을 알고 있는 것만으로는 부족합니다. 외운 단어가 문장 속에서 나왔을 때 적용을 할 수 있어야지요. 그렇기 때문에 예문을 통해 외우는 게 필수적입니다. 내신 단어는 전부 다 영어 지문 속에 있는 단어들이니 자연스럽게 예문을 통해서 공부하게 됩니다.

듣기

교재	교과서 & 학교 수업 보충 교재 테이프
방식	① 교과서 & 보충 교재 테이프 듣고 받아쓰기 ② 중얼중얼 따라 읽으면서 계속 듣기

영어 듣기는 여러 테이프를 들어 봤자 계속 안 들립니다. 오히려 한 테이프를 집중적으로 반복해서 들음으로써 영어로 들리는 문장 하나하나, 단어 하나하나, 알파벳 하나하나가 어떻게 소리 나는지 유심히 듣는 게 중

요합니다. 이왕 반복해서 들을 거면 다른 테이프를 듣지 말고 교과서나 학교 수업 보충 교재 테이프를 들으세요. 그러면 자동적으로 교과서 지문에 나오는 단어를 외우게 되고 지문 독해하는 훈련도 됩니다. 일석삼조입니다. 내신 공부를 하면서 자연스럽게 수능에 필요한 듣기 실력도 생깁니다.

"수학 문제는 하루에 몇 개씩 푸는 게 적절할까요?"

"영어 단어는 하루에 몇 개씩 외우는 게 적절할까요?"

"비문학 지문은 하루에 몇 개씩 푸는 게 적절할까요?"

많은 분들이 위와 같은 질문을 합니다. 요리 레시피에서는 '밀가루 80g, 달걀 3개, 설탕 80g, 버터 20g'처럼 재료마다 적절한 양을 정해 줍니다. 그것처럼 많은 분들이 김지석 공신이 '하루에 수학 문제 30개씩 풀고 영어 단어 20개씩 외우고 비문학 3지문씩 푸세요'처럼 가장 이상적인 황금 비율로 과목별 공부 양을 나눠서 해야 할 일을 정해 주길 바랍니다. 그런데 모든 학생들에게 가장 이상적인 '과목별 황금 비율 공부 계획'이란 게 과연 존재할 수 있을까요?

수학을 잘하고 영어를 못하면 수학을 조금하고 영어를 많이 해야 하고,

영어를 잘하고 수학을 못하면 영어를 조금하고 수학을 많이 해야 합니다. 사람에 따라 잘하는 과목이 다르고 못하는 과목이 다른데 어떻게 '과목별 황금 비율 공부 계획'이 존재할 수 있겠습니까? 공부 계획은 황금 비율을 찾아내서 세우는 게 아니라 자신의 상황에 맞게 세우는 겁니다.

실제 사례를 하나 들어 보겠습니다. 제가 예전에 멘토링을 해 준 한 학생이 있습니다. 그 학생은 영어는 잘하지만 수학은 못하는 학생이었습니다. 그렇다면 당연히 영어는 조금하고 수학을 많이 해야 하겠지요. 그런데 계획을 세우라고 시켜 보니까 아래와 같은 계획표를 짰습니다.

영어	수학	국어	기타
영어 단어 : 1시간			
영어 듣기 : 30분	수학 : 3시간 30분	언어 비문학 : 2시간	운동 : 1시간 30분
영어 독해 : 1시간		책 읽기 : 1시간	
영어 문법 : 1시간			
총 3시간 30분	총 3시간 30분	총 3시간	총 1시간 30분

영어나 수학 공부 시간을 똑같이 3시간 30분으로 세운 겁니다. 제가 이유를 물어보니 '영어 단어도 외워야 되겠고 독해도 해야 하고 문법도 해야 하고 듣기도 안 할 수 없어서 계획에 다 넣다 보니 수학 공부할 시간은 3시간 30분밖에 안 남더라고요'라는 것이었습니다. 참 기가 막혔죠. 그래서 저는 '무조건 수학은 5시간 30분, 영어는 1시간 30분으로 공부 계획을

다시 세워라'라고 시켰습니다. 결국 듣기와 문법은 격일로 하게 됐고 단어와 독해 공부 분량도 줄어들게 됐습니다. 하지만 어차피 영어는 잘하는 과목이었으므로 차치하더라도 약점이었던 수학을 극복하게 됐습니다. 결국 영어 성적은 유지됐고 수학 성적은 20점 정도 올랐습니다.

계획을 세울 때 가장 많이 범하는 오류가 자신의 상황을 살피지 않는다는 것입니다. 마음만 급해서 '이것도 해야 할 것 같고 저것도 해야 할 것 같아' 하면서 모든 과목을 다 골고루 하려 합니다. 그러다 보면 취약한 과목은 계속 못하게 됩니다. 취약한 과목은 공부하기 싫어서 좋아하는 다른 과목을 다 한 뒤에 남는 시간에 하게 되기 때문입니다. 즉 자신의 약점을 극복하지 못하는 거죠.

계획을 세우기 전에 반드시 과목별로 자기 수준을 평가해 보세요. 그 뒤에 과목별로 몇 시간씩 공부할지 정하세요. 잘하는 과목은 조금만 공부하고 못하는 과목은 많이 공부하는 공부 계획을 세우세요. (전 과목을 다 못하면 모든 과목을 같은 비율로 공부하면 됩니다. 그러다가 특정 과목이 뒤처진다 싶으면 그 과목을 더 하면 됩니다.) 세부 계획을 세우면서 과목별 공부 시간이 정해지는 게 아니라 과목별 공부 시간을 정하고 그 시간을 쪼개서 세부 계획을 세우는 겁니다.

그럼 실제로 공부 계획을 같이 세워 볼까요? 그냥 순서대로 따라 하면 됩니다.

1. 우선 과목별로 자기 수준을 평가합니다.

언어 : **보통이다**

수학 : **최악이다**

영어 : **잘한다**

2. 과목별로 공부 시간 비율을 대략적으로 정합니다.

언어 : **보통이다**　– 20%(하루에 약 2시간 30분)

수학 : **최악이다**　– 70%(하루에 약 8시간 30분)

영어 : **잘한다**　– 10%(하루에 약 1시간)

3. 과목별로 공부할 것들을 정합니다.

언어 : **보통이다**　– 20% : 인강, 기출 문제

수학 : **최악이다**　– 70% : 기초 개념

영어 : **잘한다**　– 10% : 단어, 문법 인강

4. 뭘로 공부할 건지(교재, 강의)를 정합니다.

언어 : **보통이다**　– 20% : 인강, 기출 문제 : 대박 비문학 특강, 수능 기출 문제집

수학 : **최악이다**　– 70% : 기초 개념　　: 교과서

영어 : **잘한다**　– 10% : 단어, 문법 인강 : 대박 VOCA, 대박 영문법 특강

5. 오늘 뭘, 얼만큼, 몇 시부터 몇 시까지 할지 정합니다.

과목	할 것	분량	공부 시각	공부 시간
언어	대박 비문학 특강 수능 기출 문제	1강 수강 3지문	8:00〜9:00 1:00〜2:30	2시간 30분(20%)
수학	교과서	4〜7단원	9:00〜12:00 2:30〜5:00 7:30〜10:30	8시간 30분(70%)
영어	대박 VOCA 대박 영문법 특강	X 1강 수강	X 6:30〜7:30	1시간(10%)

어떤가요? 생각보다 쉽죠?

chapter 03

대박타점

국어 공부법

"지금이라도 책, 신문을 읽어야 할까?"

어떻게 공부하고 있니?

가끔 신문에서 수능 고득점자 인터뷰를 보면 '전 어렸을 때부터 책과 신문을 많이 읽어서 따로 언어영역 공부를 하지 않아도 성적이 잘 나왔어요'와 같이 난감한 말들이 적혀 있습니다. 언어영역을 못해서 괴로운데 딱히 어떻게 공부해야 실력이 오르는지 모르겠고 문제집을 풀어도 실력은 제자리인 것 같아서 '지금부터라도 책과 신문을 읽어야 하나?'라는 생각이 들기도 합니다.

언어영역을 잘 보기 위해서는 분명히 독서 능력이 필요합니다. 평소에 글을 제대로 읽는 훈련이 되어 있지 않으면 시험 볼 때 지문이 제대로 읽히지 않습니다. 단순히 글자만 읽을 뿐 글의 요점과 흐름을 파악하지 못해서 지문을 다 읽어도 무슨 내용인지 모르고 기억도 안 납니다. 지문을 제대로 못 읽으니 문제도 제대로 안 풀립니다. 그래서 답을 뭘 골라야 할지 몰라서 고민하다가 시간이 부족해집니다. 결국 언어영역 시험을 망칩니다.

한번 따져 볼까?

그럼 이제부터라도 책과 신문을 읽어야 할까요? 이 바쁜 수험 생활 속에서? 과연 책과 신문을 읽어서 수능 전까지 내가 원하는 만큼의 실력을 기를 수 있을까요? 책과 신문을 읽으면 수능 언어영역을 하는 데 도움이 안되진 않을 것입니다. 하지만 직접적으로 수능 언어영역을 공부하는 것이 아니므로 간접적인 효과만 있을 뿐입니다. 책과 신문에는 시험지처럼 문제가 없습니다. 글을 읽고 그에 대한 문제를 풀어 봐야 자신의 생각을 점검하며 그 글에 대해 더 깊게 생각해 볼 수 있습니다. 그러면 글 읽는 연습은 책과 신문으로 하고 문제 풀이 연습은 문제집으로 하면 될까요? 글 읽는 연습 따로, 문제 풀이 연습 따로 하는 건 비효율적입니다. 뭔가 좋은 방법이 없을까요?

사실 해결책은 매우 간단합니다. 왜 책과 신문을 읽어야만 독서라고 생각하십니까? 왜 언어영역 지문으로는 '독서'를 안 하나요? 대부분 언어영역 공부할 때 비문학 지문을 제대로 읽질 않습니다. 시험지를 빨리 푸는 거에만 신경 쓰느라 지문 대충 읽고 답 찍는 데에만 급급하기 때문입니다. 그러나 비문학 지문은 가장 훌륭한 독서거리입니다. 인문, 사회, 과학, 예술, 언어 등 다양한 분야에서 좋은 글들이 선별된 겁니다. 내용이 좋고 깔끔하고 전달력 있게 잘 쓰인 글들입니다. 비문학 지문을 제대로 잘 읽으면 교양이 쌓이고 잘 쓰인 논술이 뭔지도 배울 수 있습니다. 언어영역 문제집 하나로 글 읽는 연습도 하고 문제 푸는 연습도 하면 되는데 구태여 따로 책을 읽을 필요가 없지 않나요? 따로 책을 독서하지도 말고 비문학 지문을 급하게 대충 읽지도 말고 언어영역 지문을 '독서'하세요. 독서를 한다고 생각하면 언어영역 공부가 즐거워질 겁니다.

그래도 배경지식을 쌓기 위해서는 책과 신문을 읽어야 하지 않을까요?

배경지식이 없으면 이해하기 힘들 정도로 어려운 글은 수능에 안 나옵니다. 수능에는 잘 쓰인 글이 출제됩니다. 잘 쓰인 글이란 독자가 내용을 잘 이해할 수 있게 쓰인 글입니다. 글이 어려운 내용을 다루면 반드시 예시나 부연 설명이 상세히 나와 독자의 이해를 돕습니다. 지문을 이해하는 데 필요한 지식을 지문에 다 적어 줍니다. 그래서 글을 올바로 읽을 줄 알면 배경지식이 있으나 없으나 큰 차이가 없습니다. 따라서 배경지식만을 위해 공부 시간을 따로 투자한다는 것 자체가 손해입니다. 게다가 언어영역 지문을 읽으면서 배경지식을 실컷 쌓을 수 있습니다. 수능 언어영역 지문이 아무리 시사적인 것과 관련지어 나온다 하더라도 지문 내용 자체는 장기적이고 보편적인 내용이 나옵니다. 따라서 언어영역 지문으로 익힌 배경지식이 언어영역 지문을 이해하는 데 더 유용합니다. 배경지식은 있으면 좋고 없어도 그만입니다. 중요한 건 지문과 문제를 분석하는 사고력입니다. 배경지식은 굳이 쌓아야 하는 게 아니며 굳이 쌓으려 하지 않아도 쌓입니다. 골든벨에 도전할 게 아니라면 소중한 시간을 배경지식 쌓는 데 낭비하지 마세요.

내 친구 중에 언어 잘하는 누구누구는 책과 신문을 읽던데요?

그 친구가 단순히 언어영역을 잘한다고 해서 가장 올바른 방법으로 공부하고 있는 건 아닙니다. 세상엔 워낙 다양한 사람들이 있습니다. 그래서 아무리 엉터리 방법이라도 엄청나게 많은 사람들이 도전하면 한두 사람 정도는 성공할 수 있습니다. 그러므로 공부 방법을 찾을 때 그 방법으로 성공한 사람이 있느냐 없느냐를 따지는 건 의미가 없습니다. 방법 자체가 맞느냐 틀리느냐를 따져야지요. 엉터리 공부법은 성공한 사람에게만 효과 있는 공부법이고 올바른 공부법은 그 자체가 타당해서 모든 사람에게 효과 있는 공부법입니다. 천성적으로 언어영역을 잘하는 사람은 어떻게 공부하든 별 상관없습니다. 책과 신문을 읽는 건 극소수의 사람들한 테만 효과 있는 방법입니다. 우리같이 평범하고 아름다운 사람들에게는 효과가 없습니다. 그러나 평범하다고 해서 결코 불리한 건 아닙니다. 누구라도 올바른 방법으로 공부하면 얼마든지 1등급을 받을 수 있고 만점도 받을 수 있습니다.

어떻게 공부하고 있니?

"문학 자습서 내용을 모조리 익히겠어! 전부 다 외워 버릴 테야!"라며 언어영역 문학을 대비하기 위해 문학 자습서를 외우려는 분들이 있습니다.

내신 국어 시험에서는 시험에 나올 작품이 정해져 있고 그 작품에서 출제될 주요 사항들이 정해져 있습니다. 결국 내신 국어 시험에서는 그 '작품에 대한 지식'을 외우면 되는 거였습니다. 내신 국어 시험에선 '작품에 대한 지식'이 곧 점수였습니다. 그래서 '내신 공부할 때처럼 최대한 많은 종류의 문학 작품에 대한 지식을 정리해 둬야 수능 시험을 볼 때 내가 미리 공부한 작품이 당첨(?)될 것이고 나는 그 작품이 나온 지문을 맞힐 수 있겠지' 하고 생각하는 경우가 많습니다. 그래서 '이 시에서 태양은 광복을 상징하고 어느 시대에 썼고……' 이런 지식을 암기합니다.

하지만 문학 작품을 최대한 많이 정리해서 그중 하나가 수능 시험에 당첨(?)되었다 하더라도 'A. 정리해 둔 작품에 대한 지식에서는 문제가 안 나온다'거나 'B. 다른 학생들도 모두 다 아는 유명한 작품이 나온다' 둘 중 하나입니다. 그래서 많은 문학 작품을 정리해서 당첨되는 건 무의미합니다. 제가 장담컨대 수능 때까지 문학 자습서 내용을 모조리 익히려 한다면 반드시 망할 것입니다.

한번 따져 볼까?

수능에 어떤 문제가 나오는지 살펴봅시다.

- ⓛ과 같은 상황에 놓인 사람에게 〈보기〉 시의 화자가 들려줄 말로 적절하지 않은 것은?
- ⓑ와 같은 관점에서 보더라도 긍정적으로 받아들일 수 있는 것은?
- '특급품'을 인생에 결부시킨 글쓴이의 관점과 가장 가까운 것은?
- ⓒ에 가장 잘 어울리는 동작이나 표정은?

과연 위에 나온 문제들을 푸는 데 미리 암기한 '작품에 대한 지식'이 쓸모가 있을까요? 언어영역 고득점자들이 '작품에 대한 지식'을 많이 외워서 시험을 잘 보는 걸까요? 작품에 대한 지식 쌓는 걸로 수능 언어영역을 잘 볼 수 있을까요? 그리고 과연 그게 언어영역 실력이라고 할 수 있을까요? 내신 국어는 암기 과목입니다. 하지만 수능 언어영역이 암기 과목이 아닌 건 당연합니다. 수능 언어영역 문제하고 내신 국어 문제는 성격이 전혀 다릅니다. 수능 언어영역은 '작품에 대한 지식'이 아닌 '작품 분석 능력'을 평가합니다. 그래서 '작품에 대한 지식'에 관련된 문제는 일부러 출제하지 않습니다. 처음 보는 문학 작품도 분석할 수 있어야 언어영역 문학 지문을 풀 수 있습니다. 그리고 문학 작품을 분석하는 능력만 있다면 어떤 작품이 나오더라도 신속, 정확하게 풀 수 있습니다.

지식을 암기하는 건 실력에 보탬이 안됩니다. 수많은 문학 작품에 관한 지식을 정리하느라 시간을 허비하다간 문학 작품을 감상하는 능력을 기를 시간이 없습니다. 수능에서는 주로 내재적 감상을 물어봅니다. 그리고 수능에서 외재적 감상을 묻는 문제가 나올 때는 반드시 〈보기〉에 자료(작가, 시대 상황 등)가 제시됩니다. 이때는 본인이 원래 갖고 있던 지식이 아닌 오직 〈보기〉에 있는 것만을 근거로 그 문제를 풀어야 맞는 답을 고를 수 있습니다. 따라서 외재적(작가, 시대 상황 등)으로 작품을 분석한 문학 자습서 내용은 더더욱 도움이 안됩니다. 방해만 안 한다면 다행이지요. 작품에 대한 지식은 수능 언어영역의 시험 범위가 아닙니다. 대부분 시험 범위가 아닌 걸 공부하니 점수가 안 오릅니다. 3월 성적이 수능까지 갑니다. 문학 지문도 비문학 지문처럼 공부하세요. 언어영역 시험의 비문학에서 공부했던 지문이 나오지 않듯 문학도 미리 공부했던 내용이 시험에 나올 거라는 생각은 하지 마세요. 비문학에서 사전 지식을 평가하는 문제가 안 나오듯 문학에서도 사전 지식을 평가하는 문제는 안 나옵니다. 비문학이 사전 지식이 아닌 지문 분석 능력으로 푸는 것이듯 문학도 사전 지식이 아닌 지문 분석 능력으로 푸는 것입니다. 작품 분석 능력을 키우려 하지 않고 적당히 점수 딸 궁리만 해 봤자 점수는 안 오릅니다. 자세한 방법은 '시 지문 독해 필살기'와 '소설 지문 독해 필살기'에서 알려 드리겠습니다.

시간 안에 푸는 필살기

어떻게 공부하고 있니?

수능 언어영역 시험을 제시간 안에 다 풀지 못해 막판 한두 지문을 완전히 찍는 경우가 많습니다. 시험지를 다 풀기만 해도 성적이 확실히 오를 것 같은데 제대로 보지도 못하고 답안지를 내야 한다는 게 정말 안타깝지요. 꼭 아직 고백도 못했는데 첫사랑이 이사 가 버린 것 같은 기분이랄까요? 그래서 어떻게 하면 시간 안에 풀 수 있을까 고민을 많이 합니다.

대체로 다음 세 가지 방법을 떠올립니다.

① 글자 읽는 속도를 높인다(속독법을 익힌다).

② 배경지식을 쌓아 지문을 빨리 읽을 수 있도록 한다.

③ 모의고사 시험지를 시간 안에 푸는 연습을 많이 한다.

한번 따져 볼까?

그럼 언어영역 시험을 볼 때 시간이 부족한 원인을 따져 볼까요? 문제 풀다 막혔을 때 낭비되는 시간을 생각해 봅시다. 예를 들어 답지 ①~⑤ 중에 ①, ②, ⑤가 답이 아니란 건 금세 알았지만 ③, ④ 중에 뭐가 답인지 모른다고 해 봅시다. ③, ④ 중에 뭐가 답인지 가려내야 하는 상황입니다.

(1) 그래서 ③을 다시 천천히 읽습니다.

→ 3초가 걸립니다.

(2) ④도 다시 천천히 읽습니다.

→ 3초가 걸립니다.

(3) 그래도 역시 뭐가 답인지 몰라 ③, ④를 놓고 가만히 생각합니다.

→ 5초가 걸립니다.

(4) 아무래도 안 풀려서 문제를 다시 천천히 읽고 생각합니다.

→ 8초가 걸립니다.

(5) 〈보기〉도 다시 천천히 읽고 생각합니다.

　　→ 10초가 걸립니다.

(6) 문제와 관련된 부분을 찾으려 지문을 다시 읽습니다.

　　→ 30초가 걸립니다.

(7) 조금 더 망설였다가 아무거나 찍습니다.

⇒ 한 문제에 약 1분이 날아갔습니다.

보통 언어영역에서 전혀 망설임 없이 풀 수 있는 쉬운 문제가 절반 정도라고 한다면 나머지 문제 절반(25문제)에서 이렇게 답을 못 골라 낭비되는 시간이 10~20분은 됩니다. 한두 지문 정도는 다 풀고도 남는 시간이지요.

이게 바로 대박타점!

실제로 시간이 많이 허비되는 건 문제를 풀 때입니다. 의외로 지문을 읽을 때가 아닙니다. 따라서 글자 읽는 속도를 높이거나 배경지식을 쌓아 지문을 빨리 읽는 건 별 도움이 안됩니다. 물론 조금은 도움이 됩니다만 지금부터 글자를 서둘러 읽는다고 단기간에 글자 읽는 속도가 빨라지지도 않고 지금부터 책과 신문을 읽는다고 단기간에 배경지식이 많이 쌓이지도 않습니다. 하지만 문제 푸는 속도는 몇 달간 훈련하면 많이 향상시킬 수 있습니다. 그리고 문제를 빨리 풀면 절약할 수 있는 시간이 많습니다.

저는 글 읽는 속도가 굉장히 느립니다. 남들 20분이면 다 보는 만화책을 1시간 동안 봅니다. 그래도 언어영역 문제는 시간 안에 다 풀 수 있습니다. 왜냐하면 문제를 풀 때 고민하는 시간 없이 바로 답을 고르기 때문입니다. 결국 언어영역을 시간 안에 푸는 비법은 문제 풀 때 고민하는 시간을 줄이는 것입니다. 정말 중요한 건 문제를 푸는 속도지요.

그렇다면 문제를 빨리 풀려면 어떻게 해야 할까요? 모의고사 시험지를 시간 안에 빨리 푸는 연습을 많이 하면 될까요? 그 반대입니다. 천천히 정확하게 푸는 연습을 해야 합니다. 연습할 때 빨리 푸는 데에만 열중하면 오히려 실전에서 빨리 풀 수 없습니다. 대부분 문제를 빨리 푸는 데에만 급급해서 정확히 푸는 훈련을 안 하니 시험 볼 때 정확히 풀 수가 없고 답을 뭘 골라야 할지 고민하는 시간이 길어져서 시간 안에 못 푸는 겁니다. 지문과 문제를 정확히 읽는다면 고민하는 시간 없이 답이 나옵니다. 연습할 때 시간이 오래 걸리더라도 제대로 꼼꼼히 공부해야 실전에서 빨리 풀 수 있습니다. 그럼 지금부터 지문과 문제를 정확하게 읽는 법을 알려 드리겠습니다.

읽으면서 암기&예측하는 지문 독해 필살기

어떻게 공부하고 있니?

비문학 공부를 어떻게 해야 할지 막막하시죠? 저도 처음에는 언어영역을 잘 못했습니다. 5등급이었습니다. 비문학 지문을 푸는 게 너무 막막했습니다. 지문을 읽을 때는 뭐가 중요하고 뭐가 안 중요한지 구분이 안 가서 대충 느낌 가는 곳에 마구잡이로 밑줄과 동그라미를 쳤습니다. 선생님이 중요한 곳에 밑줄과 동그라미를 치니까 저도 왠지 따라 하고 싶었거든요. ‘이건 기억해 둬야 할 것 같아!’ 하며 밑줄을 치다 보면 지문의 거의 모든 문장에 밑줄이 쳐져 있었습니다. 문제 풀 때는 기억나는 대로 겸사겸사 풀고 기억 안 나면 지문을 다시 읽고 헷갈리는 건 좀 고민하다가 상상력을 발휘해서 합리화시키고 답을 찍었습니다. 답지를 보고 이해되는 건 ‘아, 그렇구나!’ 하고 그냥 넘어가고 이해 안되는 건 좀 생각하다가 ‘그냥 그런 건가 보다’ 하고 넘어갔습니다. 그렇게 계속 하긴 하는데 공부하고 있다는 느낌이 안 들고 이렇게 한다고 발전이 있을까 심히 불안하지만 달리 어떻게 해야 할지 몰라서 계속 그대로 했습니다.

한번 따져 볼까?

이대로는 안되겠다 싶어 비문학 공부법을 연구하기 시작했습니다. 비문학을 공부할 때 제가 어떻게 하는지 스스로 관찰해 봤습니다. 지문을 다 읽은 다음 문제를 풀려고 하면 지문을 거의 다 까먹어 버립니다. 그래서 문제를 풀 수 없었습니다. 생각을 바꿔서 문제부터 읽기로 했습니다. 문제를 미리 읽어 두면 지문을 읽으면서 문제를 풀 수 있을 거라는 속셈이었습니다. 그랬더니 지문을 읽는 동안 문제 읽어 둔 것을 까먹었습니다. 결국 문제를 풀 수 없었습니다. 지문을 먼저 읽으면 문제 풀 때 지문이 기억이 안 나고 문제를 먼저 읽으면 지문을 읽을 때 문제가 기억이 안 납니다. 정말 기가 막히더군요. 이때 깨달았습니다. 제가 공부할 때 잘못된 점은 지금 당장 읽고 있는 문장만 머릿속에 있고 그 전에 읽은 문장은 머릿속에 남아 있지 않다는 것이었습니다. 앞에서 읽은 걸 머릿속에서 삭제하면서 읽고 있었습니다. 그냥 그 순간밖에 없었던 거죠.

이게 바로 대박타점!

지문을 제대로 읽고 있다면 읽어 놓은 내용이 기억나야 하고 읽어야 할 내용은 예측되어야 합니다. 예측을 할 수 있다면 글 읽는 속도가 빨라질 수밖에 없으며 정확도는 더욱 높아집니다. 또 예측이 될 정도면 읽은 내용을 거의 다 기억할 수 있게 되고 문제 풀면서 지문을 다시 보는 일이 없어져서 시간이 단축됩니다. 정리하자면 지문을 읽을 때는,

① 읽기(현재)
② 읽은 내용 정리(과거)
③ 읽을 내용 예측(미래)

이 세 가지 작업이
머릿속에서 동시에
진행되어야 합니다.

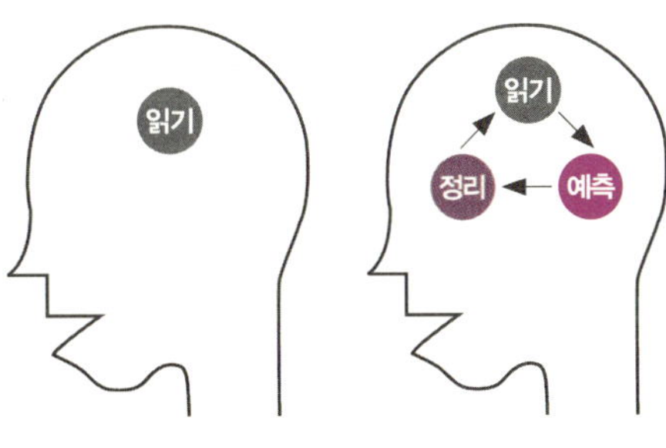

잘못된 독해 : 쪽박타점   올바른 독해 : 대박타점

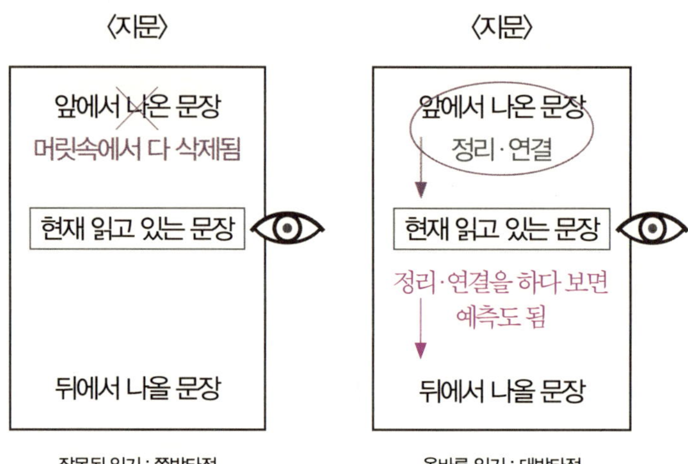

'③ 예측'은 못하더라도 적어도 '① 읽기'와 '② 정리' 두 가지 작업은 동시에 해야 합니다. 하지만 대부분 '① 읽기'만 하기 때문에 문제를 못 풉니다.

그럼 수능에 출제된 지문을 함께 읽어 보며 '읽기, 정리, 예측'을 동시에 하는 비법을 알려 드리겠습니다.(지문을 미리 풀어 보고 다음 비법을 보세요. 공신닷컴에서 제 해설 강의를 보면 더 자세한 설명을 볼 수 있습니다.)

비문학 지문 독해 비법을 보기 전에 아래에 있는 수능 기출 지문을 독해하고 문제를 풀어 보세요. 제한 시간은 10분입니다.

[46~50] 다음 글을 읽고 물음에 답하시오.

(가) 사회 복지는 "누구든지 인간의 존엄성과 가치를 훼손당하지 않으면서 인간답게 살 수 있어야 한다"라는 이념을 전제로 한다. 사회 복지 실천을 위한 방법론은 바로 이 이념을 실현하기 위해서 발달하였다. 사회 복지 방법론은 고통을 받고 있는 ㉠사람들이 인간답게 살 수 있도록 도와주는 데 필요한 전문 지식과 기술로 구성되는데 이는 크게 둘로 나눌 수 있다. 하나는 도움을 필요로 하는 개인에 초점을 맞추고 문제를 개별화하여 그 해결 방안을 찾는 미시적 방법론이고 다른 하나는 문제를 집합적으로 보면서 전체적인 사회 차원에서 그 해결 대책을 강구하는 거시적 방법론이다. 사회 복지 전문가들은 이러한 방법론에 따라 도움이 필요한 사람들로부터 문제를 찾아내어 그 원인을 진단해 냄으로써 ㉡그들 스스로 자신의 문제를 해결할 수 있도록 도움을 주기도 하며 다른 한편으로는 정부 정책이나 제도에 영향을 미침으로써 문제의 해결에 도움을 주기도 한다.

(나) 이러한 두 가지 방법론은 사회 체제와의 관계에서도 차이가 있다. 미시적 방법론을 활용하는 사회 복지 전문가들은 사회 체제 자체에 별 관심을 보이지 않고 따라서 사회 정책을 입안하고 집행하는 데에도 그다지 관여하려 하지 않는다. 이들은 단지 사회 체제 안에서 개인에게 도움을 줄 수 있는 효과적인 방법들 곧 ㉢자신이 담당하고 있는 임상(臨床) 분야의 전문성을 강화하는 데 관심을 기울인다. 반면에 거시적 방법론을 주장하는 전문가들은 개인의 생활에 영향을 미치는 정부의 정책이나 사회 체제 자체를 매우 중요시한다. 왜냐하면 정부의 정책을 변화시키거나 사회 체제에 영향을 미침으로써 그것이 궁극적으로 ㉣개인에게 도움을 줄 수 있다고 보기 때문이다. 따라서 이들은 사회의 발전 과정에서 나타나는 사회 세력들 간의 역동적인 측면에 관심을 보이며 정부의 정책 과정 및 그것을 둘러싼 정책 환경에 관련된 지식들을 바탕으로 사회 복지 방법론의 지식과 기술을 발전시키고자 한다.

(다) 역사적으로 볼 때 사회 복지 방법론은 미시적 방법론을 중심으로 발전하였다. 현재의 사회 복지 방법론을 구성하고 있는 내용 중 대부분은 사회학, 심리학, 사회 심리학, 정신 의학, 집단 역학(集團力學) 등 인접 학문으로부터 빌려 온 많은 지식들을 바탕으로 ⓜ사람들을 돕는 데 필요한 실천 지향적인 전문 지식과 기술로 이룩된 것들이다. 그 결과 사회 복지 방법론은 개별적인 차원에서 문제들을 다루거나 복지 서비스를 효과적으로 전달하는 데 필요한 전문적인 지식과 기술을 갖추는 데에는 일단 성공을 하였다. 그러나 도움을 받는 사람과 사회 체제의 관계, 사회적 약자의 욕구가 정책에 반영되는 과정 그리고 사회 체제에 내재해 있는 편향성 등의 문제에 대해서는 간과하는 경향이 있다.

(라) 이처럼 한쪽으로 치우쳐 발전된 사회 복지 방법론은 단지 사회 복지 서비스를 전달하는 일 자체에만 관심을 집중함으로써 '인간의 존엄성과 가치의 유지 및 보존'이라는 사회 복지 본래의 목표 달성을 어렵게 만들었다. 왜냐하면 기형적으로 발전된 이러한 사회 복지 방법론만 가지고서는 사회 복지를 실천하는 데 영향을 미칠 수 있는 정부의 정책을 비판하기 어렵고 창조적 대안을 제시할 수 없기 때문이다.

(마) 우리는 사회 복지 방법론의 발전 과정을 고찰함으로써 미시적인 사회 복지 방법론의 발전 과정을 고찰함으로써 미시적인 사회 복지 방법론만으로는 사회 복지의 이념을 달성하는 데 한계가 있을 수밖에 없으며 따라서 미시적 방법론과 거시적 방법론을 균형 있게 발전시키는 것이 바람직하다는 교훈을 얻을 수 있다. 사회 복지 문제를 해결하기 위해서는 임상적 지식이 필요한 것은 물론, 사회 정책을 입안하거나 개선하기 위한 활동도 역시 필요하기 때문이다. 결국 미시적 방법론과 거시적 방법론을 양측으로 하는 사회 복지 방법론을 발전시키는 것만이 사회 복지의 이념을 효과적으로 앞당겨 달성할 수 있게 해 줄 것이다.

46. 각 문단의 중심 내용과 거리가 <u>먼</u> 것은?

① (가)−사회 복지 방법론의 개념과 유형　　　② (나)−미시적 방법론과 거시적 방법론 차이점

③ (다)−사회 복지 방법론과 인접 학문의 관계　④ (라)−사회 복지 방법론의 현재 상황

⑤ (마)−사회 복지 방법론의 바람직한 방향

47. 위 글에서 '미시적 방법론'과 '거시적 방법론'이 주로 관심을 기울이고 있는 사항을 바르게 짝지은 것은?

<u>미시적 방법론</u>　　　<u>거시적 방법론</u>

① 과정　　　　　　제도

② 기술　　　　　　지식

③ 이념　　　　　　실천

④ 임상　　　　　　정책

⑤ 입안　　　　　　집행

48. ㉠~㉤ 중 지시하는 대상이 <u>다른</u> 하나는?

① ㉠　　　② ㉡　　　③ ㉢　　　④ ㉣　　　⑤ ㉤

49. (A)의 구체적인 사례로 볼 수 <u>없는</u> 것은?

① 사회 복지 기관에서 상담하는 것　　　② 사회 복지에 관한 여론을 형성하는 것

③ 사회 정책의 결정 과정을 감시하는 것　④ 사회 문제 해결을 국회에 청원하는 것

⑤ 사회 복지를 위해 시민운동을 벌이는 것

50. 위 글에서 이끌어 낼 수 <u>없는</u> 주장은?

① 미시적 방법론과 거시적 방법론의 균형적 발전이 필요하다.

② 사회 복지 전문가는 정책 과정에 적극적으로 관여해야 한다.

③ 사회 복지 방법론의 발전을 위해서는 학문 간의 교류가 필요하다.

④ 사회 체제의 개혁을 통해서 사회 복지의 전문성을 확보해야 한다.

⑤ 사회 복지 실현을 위하여 거시적 방법론을 더욱 발전시킬 필요가 있다.

공신닷컴(gongsin.com/171401)이나 제 대박타점 카페(cafe.naver.com/dbtj/111)에 들어가면 자세한 해설 강의을 볼 수 있습니다.

(가) 사회 복지는 "누구든지 인간의 존엄성과 가치를 훼손당하지 않으면서 인간답게 살 수 있어야 한다"라는 이념을 전제로 한다. 사회 복지 실천을 위한 방법론은 바로 이 이념을 실현하기 위해서 발달하였다. 사회 복지 방법론은 고통을 받고 있는 ㉠ 사람들이 인간답게 살 수 있도록 도와주는 데 필요한 전문 지식과 기술로 구성되는데 이는 크게 둘로 나눌 수 있다. 하나는 도움을 필요로 하는 개인에 초점을 맞추고 문제를 개별화하여 그 해결 방안을 찾는 미시적 방법론이고

예측 ① 글 첫 문장이 '사회 복지 …' 하며 시작했네. 그렇다면 이 글의 화제는 '사회 복지'고 '사회 복지'에 관한 얘기를 할 거야. 이런 생각을 갖고 글을 읽는 것과 안 갖고 읽는 건 차이가 커. 생각 없이 읽으면 읽어 봤자 까먹지만 생각하며 읽으면 까먹지 않거든.

정리 ① 잠깐, 이 '이념'이 뭐야? 바로 위의 문장에서 말한 '누구든지 인간의 존엄성과 가치를 회손당하지 않으면서 인간답게 살 수 있어야 한다'지? 아무 생각 없이 글자만 읽지 말고 이렇게 되새기며 정리하면서 읽어. 항상 앞 내용과 관련시키면서 읽어야 돼. 안 그러면 까먹어.

예측 ② '사회 복지 방법론은 … 둘로 나눌 수 있다'라고 했네. 그렇다면 예측을 한번 해 봐. 앞으로 어떤 내용이 나오겠어? 그래. '사회 복지의 두 가지 방법론'에 대해 자세히 설명하는 내용이 나오겠지.

정리 ② '하나는'라고 했네. 이건 앞 내용과 아무런 관련 없는 하나가 아니야. '사회 복지의 두 가지 방법론' 중 하나야. 정리하면서 읽어. 안 그러면 까먹어.

다른 하나는 문제를 집합적으로 보면서 전체적인 사회 차원에서 그 해결 대책을 강구하는 거시적 방법론이다. 사회 복지 전문가들은 이러한 방법론에 따라 도움이 필요한 사람들로부터 문제를 찾아내어 그 원인을 진단해 냄으로써 ㉡ 그들 스스로 자신의 문제를 해결할 수 있도록 도움을 주기도 하며 다른 한편으로는 정부 정책이나 제도에 영향을 미침으로써 문제의 해결에 도움을 주기도 한다.

예측 ③ '다른 하나는'라고 했네. 그냥 글자만 읽지 말고 예측을 해 보자. 앞으로 어떤 내용이 나올까? 그래. '사회 복지의 두 가지 방법론' 중 나머지 하나가 나오겠지. 좀 더 예측을 해 보자. 그건 어떤 '방법론'일까? '미시적 방법론'의 특징이 '개인, 개별화'니까 앞으로 나올 방법론은 반대로 집단, 사회화 같은 게 나오겠지. 안 읽어 봐도 알 수 있어.

정리 ③ 아무 생각 없이 읽으면 안 돼. '도움이 필요한… 그들 스스로 자신의 문제를… 하며' 이것은 무엇에 관한 설명이지? '스스로 자신의 문제'잖아. 그러면 '개인, 개별화'니까 '미시적 방법론'에 관한 설명이야. 몰랐지?

정리 ④ 그러면 '정부 정책이나 제도… 한다'는 무엇에 관한 설명이지? '정책, 제도'는 '전체, 사회'니까 이건 '거시적 방법론'에 관한 설명이야.

※ 이렇게 지문의 모든 문장은 그냥 튀어나오는 것이 아니라 반드시 앞에서 나온 문장들과 관련이 있어. 초딩이 쓴 논술이 아닌 이상 말이지. 그러니까 항상 앞에서 나온 내용과 연관시키며 글을 읽어야 해.

정리 ⑤ 그럼 (가) 단락의 요지는 뭘까?

☞ (가) 요지 : 사회 복지의 두 가지 방법론, 미시적 방법론과 거시적 방법론의 개념

예측 ④ 이젠 이 글의 화제가 '사회 복지의 미시적 방법론, 거시적 방법론' 두 가지로 나뉜다는 걸 알 수 있어. 초딩이 쓴 논술이 아닌 이상, 글에서 화제가 둘로 나뉠 때는 반드시 두 화제를 비교하게 되어 있어. 애시당초 비교할 게 아니라면 화제를 둘로 나눌 필요도 없거든.

(나) 이러한 두 가지 방법론은 사회 체제와의 관계에서도 차이가 있다. 미시적 방법론을 활용하는 사회 복지 전문가들은 사회 체제 자체에 별 관심을 보이지 않고 따라서 사회 정책을 입안하고 집행하는 데에도 그다지 관여하려 하지 않는다. 이들은 단지 사회 체제 안에서 개인에게 도움을 줄 수 있는 효과적인 방법들 곧 ⓒ 자신이 담당하고 있는 임상(臨床) 분야의 전문성을 강화하는 데 관심을 기울인다. 반면에 거시적 방법론을 주장하는 전문가들은 개인의 생활에 영향을 미치는 정부의 정책이나 사회 체제 자체를 매우 중요시한다. 왜냐하면 정부의 정책을 변화시키거나 사회 체제에 영향을 미침으로써 그것이 궁극적으로 ② 개인에게 도움을 줄 수 있다고 보기 때문이다. 따라서 이들은 사회의 발전 과정에서 나타나는 사회 세력들 간의 역동적인 측면에 관심을 보이며 정부의 정책 과정 및 그것을 둘러싼 정책 환경에 관련된 지식들을 바탕으로 사회 복지 방법론의 지식과 기술을 발전시키고자 한다.

예측 ⑤ '이러한 두 가지 방법론은 사회 체제와의 관계에서도 차이가 있다'라는 문장이 나왔어. 그렇다면 앞으로 어떤 내용이 나올지 예측해 볼까? 당연히 '미시적 방법론'이 '사회 체제'와 어떻게 관계하는지 그리고 '거시적 방법론'이 '사회 체제'와 어떻게 관계하는지에 대해 설명하며 차이를 비교하겠지. 여기서 좀 더 예측해 보자. '미시적 방법론'의 특징은 '개인, 개별화'야. 그렇다면 '사회 체제'와 관계가 많을까 적을까? 적겠지. '거시적 방법론의 특징은 '전체, 사회'야. 그렇다면 '사회 체제'와 관계가 많을까 적을까? 많겠지. 이렇게 예측을 하면서 읽어.

정리 ⑥ '미시적 방법론은 '사회 체제'에 관심이 없고 '개인, 임상 분야의 전문성'에 관심이 있어. 기억해 두자.

예측 ⑥ '반면에'라는 접속어 다음에 어떤 내용이 나올지 예측해 보자. '반면에'가 나오기 전까지는 '미시적 방법론'에 대한 얘기만 나왔잖아. 그러면 이제 어떤 얘기가 나오겠어? 이제는 '거시적 방법론'에 대한 얘기가 나오겠지. 특히 '거시적 방법론'이 '사회 체제'와 관계가 많다는 얘기가 나오겠지.

정리 ⑦ '거시적 방법론'은 '사회 체제'에 관심이 많고 '정책'에 관심이 많아. 기억해 두자.

정리 ⑧ 그럼 (나) 단락의 요지는 뭘까?

☞ (나) 요지 : 미시적 방법론과 거시적 방법론이 사회 체제와 관계하는 방식의 차이점

(다) **역사적으로 볼 때 사회 복지 방법론은 미시적 방법론을 중심으로 발전하였다.** 현재의 사회 복지 방법론을 구성하고 있는 내용 중 대부분은 사회학, 심리학, 사회 심리학, 정신 의학, 집단 역학(集團力學) 등 인접 학문으로부터 빌려 온 많은 지식들을 바탕으로 ㉤ 사람들을 돕는 데 필요한 실천 지향적인 전문 지식과 기술로 이룩된 것들이다. 그 결과 사회 복지 방법론은 개별적인 차원에서 문제들을 다루거나 복지 서비스를 효과적으로 전달하는 데 필요한 전문적인 지식과 기술을 갖추는 데에는 일단 성공을 하였다. 그러나 도움을 받는 사람과 사회 체제의 관계, 사회적 약자의 욕구가 정책에 반영되는 과정 그리고 사회 체제에 내재해 있는 편향성 등의 문제에 대해서는 간과하는 경향이 있다.

정리 ⑨ '…미시적 방법론 중심으로 발전하였다'이게 구체적으로 무슨 말인지 정리되니? '사회 복지 방법론'이 '개인적(미시적)'인 측면은 발전했지만 '사회적(거시적)'인 측면은 발전하지 않았다는 거지. 이런 의미가 포함되어 있는 거야. 앞 내용과 관련시켜 읽으면 알 수 있어.

예측 ⑦ 이제 '미시적 방법론'은 발전했지만 '거시적 방법론'은 발전하지 않았다는 얘기가 자세하게 나올 거야.

정리 ⑩ 결국 '미시적 방법론'이 발전했다는 걸 풀어 쓴 문장이지.

예측 ⑧ '그러나'라는 접속어 다음에 어떤 얘기가 나올지 예측해 보자. 앞에서 '미시적 방법론'이 발전했다는 얘기가 나왔잖아. 그럼 '그러나' 다음에는 '거시적 방법론'은 발전하지 않았다는 얘기가 나와야겠지.

정리 ⑪ 거 봐. '거시적 방법론'이 발전하지 않았다는 내용이 나왔지?

예측 ⑨ '간과'라는 표현이 나왔어. 이것은 글쓴이의 의견이 처음으로 나온 거야(이전까지는 전부 객관적인 사실만 얘기했었잖아). '간과'한다는 건 관심 가져야 할 걸 관심 갖지 않고 있다는 뜻이잖아. 그렇다면 이제부터 글쓴이는 뭐라고 주장할까? 그래. '미시적 방법론'뿐만 아니라 '거시적 방법론'까지 함께 발전시켜야 한다는 주장을 하겠지!

정리 ⑫ 그럼 (다) 단락의 요지는 뭘까?

☞ (다) 요지 : 미시적 방법론 중심으로 발전한 사회 복지

(라) 이처럼 한쪽으로 치우쳐 발전된 사회 복지 방법론은 단지 사회 복지 서비스를 전달하는 일 자체에만 관심을 집중함으로써 '인간의 존엄성과 가치의 유지 및 보존'이라는 사회 복지 본래의 목표 달성을 어렵게 만들었다. 왜냐하면 기형적으로 발전된 이러한 사회 복지 방법론만 가지고서는 사회 복지를 실천하는 데 영향을 미칠 수 있는 정부의 정책을 비판하기 어렵고 창조적 대안을 제시할 수 없기 때문이다.

정리 ⑬ '이처럼 한쪽으로 치우쳐 발전된 사회 복지 방법론'이 무슨 뜻이지? '미시적 방법론'은 발전했고 '거시적 방법론'은 발전하지 않은 걸 말하는 거야.

정리 ⑭ '인간의 존엄성과 가치의 유지 및 보존'이 어디에 나왔었지? (가) 단락 첫 문장에 나왔었어. 이렇게 정리하면서 읽자.

정리 ⑮ '사회 복지 본래의 목표 달성을 어렵게 만들었다'는 건 '사회 복지'가 잘 안 이루어지고 있다는 얘기야. 기억해 두자.

예측 ⑩ '왜냐하면'이라는 접속어 다음에 어떤 얘기가 나올지 예측해 보자. 지금 '사회 복지'가 잘 안 이루어지고 있다고 하고 있어. 무엇 때문일까? 앞 내용과 관련시켜서 생각해 봐. '미시적 방법론'만 발전하고 '거시적 방법론'은 발전하지 않았기 때문이겠지. 이제 이 내용이 '왜냐하면' 다음에 나올 거야. 여기서 또 한 가지 예측해 보자. 사회 복지가 잘 이루어지려면 어떡해야 할까? 앞 내용과 관련시켜서 생각해 봐. '간과'했던 '거시적 방법론'을 '미시적 방법론'과 함께 발전시키면 되겠지.

정리 ⑯ '기형적으로 발전된 사회 복지 방법론'이 무슨 뜻이지? 이것 또한 '미시적 방법론'은 발전했고 '거시적 방법론'은 발전하지 않은 걸 말하는 거야. 정리하면서 읽어.

정리 ⑰ 그럼 (라) 단락의 요지는 뭘까?

☞ (라) 요지 : 한쪽으로 치우쳐 발전한 사회 복지 방법론의 문제점

(마) 우리는 사회 복지 방법론의 발전 과정을 고찰함으로써 미시적인 사회 복지 방법론의 발전 과정을 고찰함으로써 미시적인 사회 복지 방법론만으로는 사회 복지의 이념을 달성하는 데 한계가 있을 수밖에 없으며 따라서 미시적 방법론과 거시적 방법론을 균형 있게 발전시키는 것이 바람직하다는 교훈을 얻을 수 있다. 사회 복지 문제를 해결하기 위해서는 임상적 지식이 필요한 것은 물론, 사회 정책을 입안하거나 개선하기 위한 활동도 역시 필요하기 때문이다. 결국 미시적 방법론과 거시적 방법론을 양측으로 하는 사회 복지 방법론을 발전시키는 것만이 사회 복지의 이념을 효과적으로 앞당겨 달성할 수 있게 해 줄 것이다.

정리 ⑱ 어디서 '사회 복지 방법론의 발전 과정'을 고찰했지? 바로 (다) 단락이야. 그냥 글자만 읽지 말고 정리하면서 읽어.

정리 ⑲ 거 봐. 아까 예측 ⑨에서 말한 대로 '거시적 방법론'을 함께 발전시켜야 한다는 주장을 하잖아. 신기하지?

정리 ⑳ '임상적 지식이 필요한 것은 물론'이라고 했어. 그렇다면 '임상적 지식'은 뭐라는 거야? '미시적 방법론'이란 얘기지. 그리고 '사회 정책을 입안하거나 개선하기 위한 활동'은 뭐겠어? '거시적 방법론'이겠지.

정리 ㉑ 다시 한 번 '이념'이 뭐야? (가) 단락 첫 문장에 나온 '누구든지 인간의 존엄성과 가치를 훼손당하지 않으면서 인간답게 살 수 있어야 한다'야.

정리 ㉒ 그럼 (마) 단락의 요지는 뭘까?

☞ (마) 요지 : 사회 복지 방법론의 바람직한 방향 – 미시적 방법론과 거시적 방법론의 균형 있는 발전

이렇게 수능에 출제된 지문의 문장들은 절대 마구잡이로 뒤죽박죽 섞여 있지 않습니다. 문장들은 논리적인 흐름대로 배열되어 있습니다. 그 논리적인 흐름 때문에 '① 읽기'를 하면서 '② 정리'와 '③ 예측'을 함께 할 수 있는 것입니다. 글의 흐름을 파악하는 훈련법은 다음과 같습니다.

1. 앞 내용과 관련시키며 지문을 읽는다(정리)

글 속에 어떤 문장도 앞뒤 문장과 관련 없는 문장은 없습니다. 처음에는 잘 안됩니다만 끈기를 가지고 글을 읽을 때 앞 내용이 무엇인지 계속 떠올리고 기억하는 연습을 하세요. 그리고 모든 문장마다 앞 내용과 어떤 관련이 있는지 파악하면서 글을 읽으세요.

2. 뒤 내용을 추측하며 지문을 읽는다(예측)

단락마다 요지 문장을 통해서 그 단락의 전체 내용을 예측할 수 있습니다. 그리고 문장 앞에 있는 '그러나, 반면에, 왜냐하면'과 같은 접속어로 그 문장의 내용을 예측할 수 있습니다. 또한 문단 내용을 읽고 나면 다음 문단에 내올 내용을 예측할 수 있을 때도 있습니다. 최대한 예측하려고 노력해 보세요.

3. 단락별 요지를 말로 연결한다

단락별 요지를 적고 글의 흐름이 보이도록 '말로 연결'해 보세요. 예를 들어 보겠습니다.

(가) 사회 복지의 두 가지 방법론, 미시적 방법론의 개념과 거시적 방법론의 개념

(나) 미시적 방법론과 거시적 방법론이 사회 체제와 관계하는 방식의 차이점

(다) 미시적 방법론 중심으로 발전한 사회 복지

(라) 한쪽으로 치우쳐 발전한 사회 복지 방법론의 문제점

(마) 사회 복지 방법론의 바람직한 방향 : 미시적 방법론과 거시적 방법론의 균형 있는 발전

⇩ 말로 연결

(가) 사회 복지에는 두 가지 방법론이 있는데 미시적 방법론의 개념은 …이고 거시적 방법론의 개념은 …이다.

(나) 그 미시적 방법론과 거시적 방법론이 사회 체제와 관계하는 방식에는 …한 차이점이 있다.

(다) 그런데 사회 복지는 미시적 방법론 중심으로 발전해 왔다.

(라) 거시적 방법론을 간과한 채 미시적 방법론 한쪽으로 치우쳐 발전한 사회 복지 방법론은 …한 문제점이 있다.

(마) 따라서 사회 복지 방법론의 바람직한 방향은 미시적 방법론과 거시적 방법론을 균형 있게 발전시키는 것이다.

어떤가요? 단락별 요지를 말로 연결해 보니 (가)~(마) 단락의 내용이 따로따로 있는 게 아니라 그 속에 논리적인 흐름이 있는 게 보이죠? 흐름을 파악하는 능력이 발달하면 '① 읽기, ② 정리, ③ 예측'을 쉽게 할 수 있습니다. 추가로 지문을 정확히 읽기 위해 연습을 할 때 기본적으로 해야 할 것들이 있습니다.

4. 단락별로 중심 문장을 찾는다

아무 문장에나 다 똑같이 밑줄을 치지 말고 각 문단마다 중심 문장 딱 하나만 찾아보세요. 물론 밑줄은 여러 개 쳐도 되지만 그중에서 가장 중요한 문장 하나만 골라 보는 겁니다. 참고로 여러 문장이 뒷받침하는 문장이 중심 문장입니다. 앞의 지문에서 단락별 중심 문장은 다음과 같습니다.

(가) 사회 복지 방법론은 고통을 받고 있는 사람들이 인간답게 살 수 있도록 도와주는 데 필요한 전문 지식과 기술로 구성되는데 이는 크게 둘로 나눌 수 있다.

(나) 이러한 두 가지 방법론은 사회 체제와의 관계에서도 차이가 있다.

(다) 역사적으로 볼 때 사회 복지 방법론은 미시적 방법론을 중심으로 발전하였다.

(라) 사회 복지 본래의 목표 달성을 어렵게 만들었다.

(마) 따라서 미시적 방법론과 거시적 방법론을 균형 있게 발전시키는

것이 바람직하다는 교훈을 얻을 수 있다.

5. 지문의 단락을 처음 / 중간 / 끝으로 삼등분한다

어디가 서론이고 어디가 본론이고 어디가 결론인지도 볼 줄 알아야 합니다. 서론, 본론, 결론을 구분하면서 읽어야 글쓴이가 말하고자 하는 바를 효과적으로 파악할 수 있습니다. 앞 지문의 단락을 처음, 중간, 끝으로 삼등분한 것은 다음과 같습니다.

(가), (나) / (다), (라) / (마)

6. 글의 주제를 적는다

마지막으로 글의 주제도 적어 봅니다. 앞 지문의 주제는 다음과 같습니다.

미시적 방법론과 거시적 방법론을 균형 있게 발전시키는 것이 바람직하다.

귀찮고 시간이 오래 걸리더라도 제가 앞에 적은 걸 모두 다 하기 바랍니다. 물론 시간이 오래 걸려 많은 지문을 공부하지 못할 수 있습니다. 하지만 겉핥기로 아무리 많은 지문을 풀어 봤자 실력은 늘지 않습니다. 시간이 오래 걸리는 걸 손해라고 생각하지 마세요. 투자라고 생각하세요. 평소에 문제를 빨리 푸는 거에만 신경 쓰느라 정확히 푸는 훈련을 안 하면 시험 볼 때 문제를 정확히 풀 수가 없어서 고민하느라 빨리 못 풉니다. 연습할 때 문제를 빨리 푸는 데에만 열중하면 오히려 실전에서 빨리 풀 수 없습니다. 언어영역 문제를 짧은 시간 안에 빨리 푸는 훈련을 하지 말고 시간이 다소 걸리더라도 정확하게 푸는 훈련을 해야 합니다. 연습할 때 천천히 꼼꼼히 풀어야 실전에서 빨리 풀 수 있습니다. 저 같은 경우 언어영역을 80분 동안 풀었으면 그걸 분석하고 복습하는 데 세 시간을 투자했습니다. 제 실력이 올랐던 때는 80분 동안 문제를 풀 때가 아니라 세 시간 동안 분석했을 때였습니다. 많은 분량을 공부하지만 효과가 없는 공부를 하지 말고 적은 분량을 공부하더라도 효과가 있는 공부를 하세요.

고난도 문제 해결 필살기

1. 문제 끊어 읽기

앞에서 본 지문의 문제를 하나 풀어 보겠습니다.

1. 각 문단의 중심 내용과 거리가 먼 것은? [2점]

① (가) - 사회 복지 방법론의 개념과 유형

② (나) - 미시적 방법론과 거시적 방법의 차이점

③ (다) - 사회 복지 방법론과 인접 학문의 관계

④ (라) - 사회 복지 방법론의 현재 상황

⑤ (마) - 사회 복지 방법론의 바람직한 방향

정답은 ③입니다. 맞히셨나요? 하지만 좀 이상하지 않나요? (다) 단락을 보면,

(다) 역사적으로 볼 때, 사회 복지 방법론은 미시적 방법론을 중심으로 발전하였다. 현재의 사회 복지 방법론을 구성하고 있는 내용 중 대부분은 사회학, 심리학, 사회 심리학, 정신 의학, 집단 역학(集團力學) 등 인접 학문으로부터 빌려 온 많은 지식들을 바탕으로 ㉤사람들을 돕는 데 필요한 실천 지향적인 전문 지식과 기술로 이룩된 것들이다.

분명 (다) 단락에 사회 복지 방법론과 인접 학문의 관계가 있습니다. 그렇다면 뭐가 문제일까요? 이게 헷갈린다면 문제를 정확하게 읽지 않았기 때문입니다. 답을 정확히 찾아내려면 문제에서 제시한 조건을 정확히 파악해야 합니다. 그러면 문제에서 제시한 조건에 □ 표시를 해 봅시다.

1. 각 문단의 중심 내용과 거리가 먼 것은?

이제 감이 좀 오시나요? 사회 복지 방법론과 인접 학문의 관계는 (다) 단락의 내용이기는 하지만 중심 내용은 아닙니다. 중심 내용, 즉 요지는 미시적 방법론 중심으로 발전한 사회 복지였습니다. 언어영역 문제를 틀리는 이유 중 하나는 문제를 두루뭉술하게 읽기 때문입니다. 문제의 의미를 정확하게 파악하지 못한 것이지요. 문제를 두루뭉술하게 읽으니까 머릿속이 두루뭉술해서 답지가 두루뭉술하게 두 개가 남는 겁니다. 그러다 결국 고민하다가 아무거나 찍게 됩니다. 그렇다면 문제를 정확하게 읽기 위해선 어떻게 해야 할까요? 바로 '끊어 읽기'를 하는 겁니다.

예전에 제가 언어영역 공부를 하는데 다음과 같은 문제가 나왔습니다.

다음 중 (가) 시와 심상이 유사한 것은?

그런데 저는 답지 ③, ④, ⑤는 답이 아닌 건 쉽게 알았지만 답지 ①과 ②
중에 뭐가 답인지 헷갈렸습니다. 둘 다 (가) 시와 유사했거든요. 저는 고
민 끝에 그냥 ②를 찍었습니다. 그런데 답은 ①이라고 합니다. 해설지를
보니 ①이 답인 건 이해가 가는데 왜 내가 찍은 ②가 답이 아닌지는 이해
가 안 갔습니다. 저는 한참을 연구한 끝에 깨달았습니다.

①은 (가) 시와 심상이 유사해서 정답이지만 ②는 (가) 시와 주제가 유
사해서 오답이었던 것입니다.

어떡하면 이런 함정에 안 빠질 수 있을까요? 아주 좋은 방법이 있습니
다. 문제를 조건마다 끊어 읽는 겁니다.

조건 A   조건 B   조건 C

다음 중 (가) 시와 / 심상이 / 유사한 것은?

이렇게 문제를 조건 A - (가) 시, 조건 B - 심상, 조건 C - 유사의 세 조건
으로 나누고 나니 ②가 '조건 B - 심상'을 만족시키지 않는다는 것을 쉽게

알 수 있습니다. 간단히 ②가 오답이라는 걸 알 수 있습니다. 아래 문제를

> 다음 중 (가) 시와 심상이 유사한 것은?

'끊어 읽기'하기 전에는

> 다음 중 (가) 시와 심상이 유사한 것은?

으로 보이는 것이 '끊어 읽기'를 하자

> 다음 중 (나) 시가 아닌 (가) 시와 / 주제가 아닌 심상이 / 다르지 않고
> 유사한 것은?

으로 엄밀하고 정확하게 보였기 때문입니다. '끊어 읽기'를 하면 문제의

모든 조건을 정확히 읽어 낼 수 있습니다. 문제만 정확히 읽어도 답은 훨씬 쉽게 찾을 수 있습니다. 문제를 접할 때 문제 조건마다 끊어 읽으세요. 그리고 모든 조건을 만족시키는 것이 답이고 모든 조건을 만족시키지 못한 것이 오답입니다. 이것이 문제를 정확하게 읽는 비법입니다.

2. 사고 오류 줄이기

언어영역 문제를 틀리는 또 다른 이유는 바로 사고 오류 때문입니다. 그렇다면 사고 오류를 줄이기 위해서는 어떻게 해야 할까요? 좋은 방법이 있습니다. 바로 틀린 이유를 문제 밑에 글로 적는 겁니다. 예를 들어,

틀린 이유 : '심상'이 유사한 걸 찍어야 하는데 '주제'가 유사한 걸 찍었다.
틀린 이유 : '옳지 않은 것'을 골라야 하는데 '옳은 것'을 골랐다

이렇게 말이지요. 대부분 문제를 풀다 틀리면 그저 틀렸다는 사실만 생각하고 구체적으로 왜 틀렸는지에는 관심이 없습니다. 다시 말해 틀렸다는 '결과'만 생각했지 왜 틀렸는지 '원인'은 생각하지 않습니다. 틀렸을 때 왜 틀렸는지를 알아야 그것을 제대로 극복하고 실력을 향상시킬 수 있습니다. 꼭 언어뿐만이 아니라 어떤 과목이든지 간에 문제 풀다 틀리면 틀린 문제 밑에 틀린 이유를 반드시 글로 간략하게 적어 두세요. 글로 적으면 틀린 이유(사고 오류)가 뭔지 머릿속에 확연히 정리가 됩니다. 또 틀린

이유를 적으면서 복습도 하게 됩니다. 게다가 나중에 틀린 문제를 복습할 때 다시 풀어 볼 것도 없이 틀린 이유 적은 것만 읽으면 되므로 짧은 시간 안에 많은 양의 공부를 할 수가 있습니다. 이렇게 하면 자신의 약점만 집중적으로 공략함으로써 실력 향상에 큰 도움이 됩니다. 틀린 문제마다 틀린 이유(사고 오류)를 밑에 적고 복습하는 것, 그것이 사고 오류를 줄이는 비법입니다. 특히 시험 보기 직전에 읽으면 시험 보는 동안 사고 오류가 현저히 줄어듭니다. 점수가 수직 상승합니다.

3. 언어영역 3월 성적이 수능 간다?

흔히 언어영역은 공부를 하든 말든 성적이 그대로라고 생각합니다. 언어영역은 공부를 해도 성적이 안 오르고 공부를 안 해도 성적이 안 떨어진다고 생각합니다. 언어영역은 감으로 대충 찍어서 맞춘 것과 논리적이고 정확한 근거로 푼 것이 티가 잘 안 납니다. 대부분 근거가 뭔지도 모르고 찍어서 맞춘 것도 실력으로 맞았다고 착각하고 그냥 넘어갑니다. 모르는 걸 계속 모르는 채로 내버려두니 실력이 안 늘 수밖에요. 수학 같은 경우 모르면 모른다는 티가 확실히 나지만 언어영역은 그렇지가 않습니다. 모른다는 것조차 모릅니다. 그렇기 때문에 언어영역은 맞았더라도 적당히 넘어가지 않고 정말로 제대로 아는지 스스로 따져 보는 엄격한 자세가 중요한 과목입니다. 알고 모르고의 기준은 답이 맞느냐 안 맞느냐가 아니라 답지마다 정답인 근거가 무엇이고 오답인 근거가 무엇인지를 댈 수 있느냐 없느냐로 판단하는 것입니다. 모든 문제를 다른 사람에게 해설해 줄 수 있어야 합니다. 해설을 할 수 없으면서 귀찮다고 맞은 걸로 합리화하고 적당히 넘어간다면 제가 장담하건대 절대로 성적이 오르지 않을 것입니다. 3월 성적이 무조건 수능까지 그대로 갈 것입니다. 명심하세요. 맞은 것도 틀렸다고 생각하는 엄격한 자세야말로 언어영역 성적 향상의 시작점입니다.

여기서 풀지 않은 문제는 공신닷컴(gongsin.com/171401)이나 제 대박타점 카페(cafe.naver.com/dbtj/111)에 들어가면 자세한 해설 강의를 볼 수 있습니다.

시 지문 독해 필살기

시를 감상하는 데 기본적으로 점검해야 할 사항을 정리하겠습니다.

1. 제목

시 본문만 읽어서는 시를 이해하기 어려울 때가 있습니다. 시를 이해할 수 있는 결정적인 단서는 제목에 있는 경우가 상당히 많습니다. 읽다 보면 제목을 까먹고 본문만 읽는 경우가 있는데 제목을 빠트리고 시를 읽으면 이해하기 힘들 수 있습니다.

2. ① 처한 상황 ⇨ ② 감정 ⇨ ③ 처리 방식

시에는 시적 화자가 있습니다.

① 먼저 시적 화자가 어떤 상황에 처해 있는지 파악하세요. 예를 들어 일제 강점기에 처해 있을 수 있습니다.

② 다음에는 처한 상황 때문에 생기는 시적 화자의 감정을 파악하세요. 예를 들어 일제 강점기에 처해 있어서 시적 화자는 화가 날 수도 있고 슬픈 감정이 들 수도 있습니다.

③ 마지막으로 시적 화자가 감정을 처리하는 방식을 파악하세요. 예를 들어 일제 강점기 때문에 화가 나서 투쟁을 다짐할 수도 있고 슬퍼서 좌절할 수도 있겠죠.

① 일제 강점기

⇩

② 화가 난다

⇩

③ 투쟁

3. 긍정적인 시어, 부정적인 시어

시에 나오는 단어들 중에 특별히 긍정적이거나 부정적인 것을 나타내는 단어가 있습니다. 모든 시어가 긍정적 또는 부정적인 것을 나타내지는 않습니다. 그렇기 때문에 긍정적이거나 부정적인 것을 나타내는 시어는 중요합니다. 예를 들어 박두진의 「해」에서 '해'는 긍정적인 시어입니다. 또 이육사의 「광야」에서 '눈'은 부정적인 시어입니다. 그렇다면 시어가 긍정적인지 부정적인지 어떻게 판단할 수 있을까요? '눈물'은 긍정적인가요 부정적인가요? '태양'은 긍정적인가요 부정적인가요? 그것은 정해져 있는 게 아닙니다. 문맥으로 판단하는 겁니다. 다음 두 대사를 볼까요?

대사1: "눈 때문에 미끄러워서 넘어졌어. 짜증나!"
대사2: "이야, 거리에 눈이 덮이니까 예쁘다."

대사 1에서의 눈은 긍정적일까요 부정적일까요? 부정적입니다. 그걸 어떻게 알 수 있었나요? 문맥의 '미끄러워서'와 '짜증나' 두 단어 때문입니다. 대사 2에서의 눈은 긍정적일까요 부정적일까요? 긍정적입니다. 그걸 어떻게 알 수 있었나요? 문맥의 '예쁘다'는 단어 때문입니다. 시를 감상할 때도 이와 마찬가지로 문맥을 보고 시어의 속성을 파악하면 됩니다(단, 종종 반어법이 사용되는 경우가 있으니 반어법만 조심하면 됩니다).

4. 지향 시점(과거 지향, 현재 지향, 미래 지향)

출제된 시가 과거 지향적인지 현재 지향적인지 미래 지향적인지도 파악하세요. 예를 들어 옛 고향을 그리워하는 내용인 정지용의 「향수」는 과거 지향적인 시입니다. 김소월의 「진달래꽃」은 현재 지향적입니다. 박두진의 「해」는 미래 지향적입니다.

5. 주제

마지막으로 시의 주제가 무엇인지 정리해 보세요.

그러면 수능에 출제된 시 지문을 함께 읽어 보면서 시를 감상하는 비법을 알려 드리겠습니다.

시 지문 독해 비법을 보기 전에 아래에 있는 수능 기출 지문을 독해하고 문제를 풀어 보세요.
제한 시간은 10분입니다.

[13~16] 다음 글을 읽고 물음에 답하시오.

(가) 자화상(自畫像)

윤동주

산모퉁이를 돌아 논가 외딴 우물을 홀로
찾아가선 가만히 들여다봅니다.

우물 속에는 달이 밝고 구름이 흐르고
하늘이 펼치고 파아란 바람이 불고 가을이 있습니다.

그리고 한 사나이가 있습니다.
어쩐지 그 사나이가 미워져 돌아갑니다.

돌아가다 생각하니 그 사나이가 가엾어집니다.
도로 가 들여다보니 사나이는 그대로 있습니다.

다시 그 사나이가 미워져 돌아갑니다.
돌아가다 생각하니 그 사나이가 그리워집니다.

우물 속에는 달이 밝고 구름이 흐르고 하늘이 펼치고 파아란 바람이 불고 가을이
있고 추억처럼 사나이가 있습니다.

(나) 산제리 아낙네들

고은

먹밤중 한밤중 새터 중뜸 개들이 시끌짝하게 짖어댄다

이 개 짖으니 저 개도 짖어

들 건너 갈메 개까지 덩달아 짖어댄다

이런 개 짖는 소리 사이로

언뜻언뜻 까 여 다 여 따위 말끝이 들린다

밤 기러기 드높게 날며

추운 땅으로 떨어뜨리는 소리하고 남이 아니다

앞서거니 뒤서거니 의좋은 그 소리하고 남이 아니다

콩밭 김칫거리

아쉬울 때 마늘 한 접 이고 가서

군산 묵은장 가서 팔고 오는 선제리 아낙네들

팔다 못해 파장떨이로 넘기고 오는 아낙네들

㉠시오릿길 한밤중이니

십릿길 더 가야지

빈 광주리야 가볍지만

빈 배 요기도 못하고 오죽이나 가벼울까

그래도 이 고생 혼자 하는 게 아니라

못난 백성

못난 아낙네 끼리끼리 나누는 고생이라

얼마나 ⓛ 의좋은 한세상이더냐

그들의 말소리에 익숙한지

어느새 개 짖는 소리 뜸해지고

밤은 내가 밤이다 하고 말하려는 듯 어둠이 눈을 멀뚱거린다

(다) 그 나무

김명인

한 해의 꽃잎을 며칠 만에 활짝 피웠다 지운

벚꽃 가로 따라가다가

미처 제 꽃 한 송이도 펼쳐 들지 못하고 멈칫거리는

늦된 그 나무 발견했지요.

들킨 게 부끄러운지, 그 나무

시멘트 개울 한 구석으로 비틀린 뿌리 감춰놓고

앞줄 아름드리 그늘 속에 반쯤 숨어 있었지요.

봄은 그 나무에게만 더디고 더뎌서

꽃철 이미 지난 줄도 모르는지,

그대로 여느 꽃나무와 다름없이

가지 가득 매달고 있는 멍울 어딘가 안쓰러웠지요.

늦된 나무가 비로소 밝혀드는 ⓒ 꽃불 성화,

환하게 타오를 것이므로 나도 이미 길이 끝난 줄

까마득하게 잊어버리고 한참이나 거기 멈춰 서 있었지요.

산에서 내려 두 달거리나 제자릴 찾지 못해

헤매고 다녔던 저 ㉣ 난만한 봄길 어디,

늦깎이 깨달음 함께 얻으려고 한나절

나도 병든 그 나무 곁에서 서성거렸지요.

이 봄 가기 전 저 나무도 푸릇한 잎새 매달까요?

무거운 청록으로 여름도 지치고 말면

불타는 소신공양 틈새 ㉤ 가난한 소지(燒紙)*,

저 나무도 가지가지마다 지펴 올릴 수 있을까요?

* 소지 : 부정을 없애고 신에게 소원을 빌기 위하여 태워서 공중에 올리는 종이.

13. (가)~(다)의 공통점으로 가장 적절한 것은?

① 대상의 현재 상황에 대한 화자의 비판적 태도가 드러난다.

② 대상의 미래에 대한 화자의 낙관적 전망이 드러난다.

③ 대상과 일체가 되려는 화자의 의지가 드러난다.

④ 대상을 딱하게 여기는 화자의 마음이 드러난다.

⑤ 대상에 대한 화자의 대결 의식이 드러난다.

14. 〈보기〉를 참고하여 (가)를 이해한 내용으로 적절하지 <u>않은</u> 것은? [3점]

「자화상(自畵像)」은 1941년 『문우(文友)』에는 '우물 속의 자상화(自像畵)'라는 제목으로 게재되었다. 이 제목에서는 '우물'과 '그림'이 부각되어 있다. 상징적 관점에서 볼 때 우물은 자신의 모습을 투영해 볼 수 있는 사물이고 하늘을 향해 있는 동굴이며 그 동굴의 원형인 모태(母胎)를 떠올리게 하는 공간이다. 이 점에서 보면 이 시에서 우물 속의 자상화는 자신의 존재에 대한 화자의 인식과 태도를 다층적으로 담아내고 있는 그림이다.

① 제1연에서 '외딴', '홀로', '가만히', '들여다봅니다' 등으로 보아 '우물'은 화자의 모습을 투영해 볼 수 있는 내밀한 공간이겠군.

② 제2연에서 '우물 속'에 들어 있는 자연은 하늘을 향해 있는 우물 속의 그림이므로 화자가 지향해 온 바를 담고 있겠군.

③ 제3연~제5연에서 '한 사나이'에 대한 화자의 반응들로 보아 화자는 자신을 성찰하는 자세를 지니고 있겠군.

④ 제6연에서 자연과 '사나이'가 함께 나타나는 것은 우물 속의 자상화를 들여다보는 화자가 존재 탐구를 끝냈음을 의미하겠군.

⑤ 제6연에서 '추억처럼'에는 고향과 같은 모태적 공간을 통해서 자신을 바라보려는 화자의 태도가 내포되어 있겠군.

15. [A]와 [B]를 비교한 내용으로 가장 적절한 것은?

① [A]는 [B]와 달리 대조를 통해 주제 의식을 강조한다.

② [A]는 [B]와 달리 유사한 구절을 병치하여 운율감을 조성한다.

③ [B]는 [A]와 달리 공감각적 심상을 통해 입체감을 부여한다.

④ [B]는 [A]와 달리 현재 시제를 사용하여 현장감을 부각한다.

⑤ [B]는 [A]와 달리 의성어를 통해 구체적인 생동감을 부여한다.

16. ⊙~⑩에 대한 설명으로 적절하지 <u>않은</u> 것은?

① ⊙ : '군산 묵은장'과 '선제리' 사이의 거리로 '한밤중', '십릿길'과 더불어 '아낙네들'이 처한 상황을 구체적으로 나타낸다.

② ⓒ : '끼리끼리'와 상관되는 것으로 공동체적 삶에 공감하는 화자의 태도가 내포되어 있다.

③ ⓒ : '늦된 나무'가 피워 낼 '꽃'을 성스러운 불에 비유한 것으로 '늦된 나무'에 대한 화자의 기대가 내포되어 있다.

④ ⓔ : '벚꽃'이 흐드러지게 피어 있는 '봄길'로 일탈적 삶에 대한 화자의 갈망이 간절한 것이었음을 나타낸다.

⑤ ⑩ : 가을의 나뭇잎을 '깨달음'과 관련하여 표현한 것으로 '불타는 소신공양'과 대비되어 화자의 겸손한 태도를 드러낸다.

공신닷컴(gongsin.com/171401)이나 제 대박타점 카페(cafe.naver.com/dbtj/111)에 들어가면 자세한 해설 강의을 볼 수 있습니다.

(가) 자화상(自畵像)

윤동주

산모퉁이를 돌아 논가 외딴 우물을 홀로
찾아가선 가만히 들여다봅니다.

우물 속에는 달이 밝고 구름이 흐르고
하늘이 펼치고 파아란 바람이 불고 가을이 있
습니다.   긍정   긍정

그리고 한 사나이가 있습니다.
어쩐지 그 사나이가 미워져 돌아갑니다.
부정

돌아가다 생각한 그 사나이가 가엾어집니다.
도로 가 들여다보니 사나이는 그대로 있습
니다.

다시 그 사나이가 미워져 돌아갑니다.
돌아가다 생각하니 그 사나이가 그리워집니다.

우물 속에는 달이 밝고 구름이 흐르고 하늘이
펼치고 파아란 바람이 불고 가을이 있고 추억
처럼 사나이가 있습니다.

1. 제목

제목이 '자화상'이야. '자화상'이 뭐지? 자기 얼굴을 그린 그림이 '자화상'이지. 그렇다면 이 시는 자기 자신
에 관한 얘기를 하겠지. 제목이 '자화상'인데 떠나간 연인에 대한 얘기를 하진 않아. 그럴 거면 제목을 차라
리 '그리운 그녀' 같은 걸 했겠지.

2. ① 처한 상황 ⇨ ② 감정 ⇨ ③ 처리 방식

① 우물을 통해 자신을 봄
② ⇨ 밉다, 가엽다, 그립다
③ ⇨ 계속 지켜보기로 함

3. 긍정적 시어, 부정적 시어

'달' : 긍정적이야. 왜? '달'이 '밝으니까'.
'하늘, 바람' : 긍정적이야. 왜? 그냥 파란 것도 아니고 '파아란'이라고 했잖아. 바람이 파아란 거라고 써져
있지만 사실 하늘이 파아란 것이니까 바람이 파아란 것이지.
'구름' : 같은 문맥에 있는 '달, 하늘, 바람'이 긍정적이니까 '구름'도 긍정적이라고 봐야겠지.
'사나이' : 이 '사나이'는 누구일까? '우물 속'에 있는 '사나이'고 제목이 '자화상'인 걸 고려해 보면 이 '사
나이'는 우물에 비친 자기 자신인 걸 알 수 있어. 이 '사나이'는 부정적이야. 왜? '미우니까'. 그런데도 '사나
이'가 '가엽'고 '그립'대. 화자는 자기 자신에게 복잡한 심정을 갖고 있네.

4. 지향 시점

딱히 과거나 미래를 지향하고 있진 않아. 현재 지향적인 시라고 할 수 있어.

5. 주제

주제는 '자기 자신을 들여다봤을 때의 느낌' 정도로 정리해 두자. 주제가 꼭 문학 자습서처럼 어려운 말 쓰
는 문장일 필요는 없어.

14. 〈보기〉를 참고하여 (가)를 이해한 내용으로 적절하지 <u>않은</u> 것은? [3점]

1. 우선 문제를 '끊어 읽기'해 보자.

〈보기〉를 참고하여 ← 조건 A

(가)를 이해한 내용으로 ← 조건 B

적절하지 않은 것은? ← 조건 C

※이런 유형에서 흔히들 저지를 수 있는 실수가 (가)를 이해한 내용이긴 한데 〈보기〉를 참고하지 않아서 틀리는 경우가 있어. 주의해. 반드시 〈보기〉를 참고해서 답을 골라야 해.

〈보기〉

「자화상(自畵像)」은 1941년 『문우(文友)』에는 '우물 속의 자상화(自像畵)'라는 제목으로 게재되었다. 이 제목에서는 '우물'과 '그림'이 부각되어 있다. 상징적 관점에서 볼 때 우물은 자신의 모습을 투영해 볼 수 있는 사물이고 하늘을 향해 있는 동굴이며 그 동굴의 원형인 모태(母胎)를 떠올리게 하는 공간이다. 이 점에서 보면 이 시에서 우물 속의 자상화는 자신의 존재에 대한 화자의 인식과 태도를 다층적으로 담아내고 있는 그림이다.

2. 〈보기〉에서 중요한 점을 점검해 두자.

ⓐ 우물은 자신의 모습을 투영

ⓑ 우물은 하늘을 향해 있는 동굴

ⓒ 우물은 모태를 떠올리게 하는 공간

① 제1연에서 '외딴', '홀로', '가만히', '들여다봅니다' 등으로 보아 '우물'은 화자의 모습을 투영해 볼 수 있는 내밀한 공간이겠군.

② 제2연에서 '우물 속'에 들어 있는 자연은 하늘을 향해 있는 우물 속의 그림이므로 화자가 지향해 온 바를 담고 있겠군.

③ 제3연~제5연에서 '한 사나이'에 대한 화자의 반응들로 보아 화자는 자신을 성찰하는 자세를 지니고 있겠군.

④ 제6연에서 자연과 '사나이'가 함께 나타나는 것은 우물 속의 자상화를 들여다보는 화자가 존재 탐구를 끝냈음을 의미하겠군.

⑤ 제6연에서 '추억처럼'에는 고향과 같은 모태적 공간을 통해서 자신을 바라보려는 화자의 태도가 내포되어 있겠군.

3. 이제 답지를 하나하나 검토해 보자.

①의 '화자의 모습을 투영'이라고 한 부분은 〈보기〉의 ⓐ를 참고했고 '(가)'의 '외딴'과 '홀로'는 '내밀한 공간'과 연관 지을 수 있겠고 '가만히'와 '들여다봅니다'는 '화자의 모습을 투영'과 연관 지을 수 있어. 그렇다면 '〈보기〉를 참고하여 (가)를 이해한 내용으로 적절'하군.

②의 '하늘을 향해 있는 우물 속의 그림'이라고 한 부분은 〈보기〉의 ⓑ를 참고했어. '(가)'의 '하늘'은 긍정적인 시어이고 화자를 나타내는 '사나이'는 부정적인 시어야. 부정적인 '사나이'가 긍정적인 '하늘'을 바라봤으니 이걸 '우물 속'에 있는 자연('달', '구름', '바람')은 화자가 지향해 온 바를 담고 있다고 할 수 있어. 그렇다면 '〈보기〉를 참고하여 (가)를 이해한 내용으로 적절'하군.

③의 '자신을 성찰'이라고 한 부분은 '〈보기〉'의 ⓐ를 참고했어. '(가)'의 '사나이'는 화자가 끊임없이 자신을 우물에 비추어 본 모습이니까 '화자는 자신을 성찰하는 자세를 지닌'다고 할 수 있어. 그렇다면 '〈보기〉를 참고하여 (가)를 이해한 내용으로 적절'하군.

④의 '우물 속의 자상화를 들여다보는'은 '〈보기〉'의 ⓐ를 참고했다고 볼 수는 있어. 하지만 '제2연~제3연'에서도 '자연'과 '사나이'가 함께 나타나 있었는데 '제6연'에서 '자연'과 '사나이'가 '함께 나타났다'고 해서 '존재 탐구를 끝냈다'고 보는 건 말이 안돼. '함께 나타나서 끝날' 것이었으면 '제3연'에서 끝났겠지. '제3연'에서 끝났다면 '제4연~제5연'에서 '밉다', '그립다'고 하는 건 말이 안 되잖아. 그렇다면 '〈보기〉를 참고했지만 (가)를 이해한 내용으로 부적절'하군.

⑤의 '모태적 공간을 통해서 자신을 바라보려는 화자의 태도'는 '〈보기〉'의 ⓐ와 ⓒ를 참고했다고 볼 수 있어. '(가)'의 '추억처럼'은 '고향과 같은 모태적 공간과 연관 지을 수 있어. 그렇다면 '〈보기〉를 참고하여 (가)를 이해한 내용으로 적절'하군.

답 : ④

문학 자습서에서 시를 분석한 것처럼 심오하게 시의 모든 걸 다 알아 낼 필요는 없습니다. 이렇게 알 수 있는 만큼만 알아내면 됩니다. 수능 언어영역 문제는 내신 국어 문제와는 달리 작품에 대한 배경지식이 없어도 충분히 풀 수 있게 출제되기 때문입니다. 비문학 읽듯이 읽으면 됩니다. 배경지식을 갖추려 하기보다는 직접 작품을 분석하는 능력을 기르세요.

여기서 풀지 않은 문제는 공신닷컴(gongsin.com/171401)이나 제 대박타점 카페(cafe.naver.com/dbtj/111)에 들어 가면 자세한 해설 강의을 볼 수 있습니다.

소설 지문 독해 필살기

소설을 감상할 때 기본적으로 점검해야 할 사항을 정리하겠습니다(희곡도 같은 방법으로 감상하면 됩니다).

1. 제목

소설 지문은 소설 원작의 시작 부분부터 나오는 경우는 거의 없고 작품 중간 부분부터 튀어나옵니다. 앞 내용을 모르는 채로 소설 중간 부분을 읽다 보니 작품을 이해하기 힘들 수 있습니다. 이때 제목이 작품을 이해할 수 있는 단서가 될 수 있습니다. 예를 들어 이범선의 「학마을 사람들」이란 제목을 보면 작품이 '학마을이란 곳에서 마을 사람들 간에 벌어지는 이야기구나' 하고 추측할 수 있습니다. 별거 아니긴 해도 이런 생각을 하고 읽는 것과 안 하고 읽는 것은 차이가 큽니다. 처음부터 인물 간의 갈등에 초점을 맞추고 '학'이 중요한 상징성을 갖는다는 것에 초점을 맞추며 읽을 수 있으니까요. 물론 제목이 별 도움이 안될 때도 있지만 도움이 될 때가 더 많으니 제목을 꼭 먼저 읽어 보세요. 그리고 제목을 읽어 둔 걸 까먹은 채로 글을 읽지 말고 제목을 염두에 두면서 글을 읽으세요.

2. 인물

인물의 성격 : 인물의 말투, 행동, 대사, 외양 묘사, 작가의 서술 등을 통해 인물의 성격을 점검하세요.

인물의 심리 : 작품 속에서 발생하는 사건에 따라 생기는 인물의 심리를 점검하세요.

3. 사건

작품 속에서 어떤 사건들이 발생하는지 점검하세요. 그리고 그 사건들 간의 인과 관계와 순서, 즉 사건 전개가 어떻게 이루어지는지 파악하세요.

4. 배경

시대적인 배경 : 작품의 배경이 일제 강점기인지, 6·25 전쟁 때인지, 군사 독재 시절인지, 도시화·산업화 때인지 등을 파악하세요.

인물이 처한 상황 : 작품 속의 등장인물이 가난에 처해 있는지, 쫓기고 있는지, 독립 운동 작전 결행 중인지, 피난 중인지, 취조받고 있는지 등 처한 상황을 파악하세요.

5. 갈등

소설 속에 나타나는 갈등의 유형을 파악하세요.

① 인물 내면의 심리적 갈등
② 인물과 인물 사이의 갈등
③ 인물과 세상의 갈등

이 세 가지 갈등 중에서 해당되는 걸 점검하면 됩니다.

그러면 수능에 출제된 소설 지문을 함께 읽어 보면서 소설을 감상하는 비법을 알려 드리겠습니다.

[40~43] 다음 글을 읽고 물음에 답하시오.

형은 또 울었다. 밤이 깊도록 어머니까지 불러 가며 엉엉 소리 내어 울었다. 동생도 형 곁에서 남모르게 소리 죽여 흐느껴 울었다. 그저 형의 설움과 울음을 따라 울 뿐이었다. 동생도 이렇게 울면서 어쩐지 마음이 조금 흐뭇했다. 이날 밤의 감시는 밤새도록 엄했다. 바깥은 ㉠첫눈이 흩날리고 있었다. 형은 울음을 그치고 불쑥,

"야하, 눈이 내린다, 눈이, 눈이. 벌써 겨울이 다 됐네."

물론 감시병들의 감시가 심하니까 동생의 귀에다 입을 대지도 않고 이렇게 혼잣소리처럼 지껄였다.

"저것 봐, 저기저기 에에이. 모두 잠만 자고 있네."

동생의 허리를 쿡쿡 찌르기만 하면서……. 어느새 양덕도 지났다. 하루하루는 수월히도 저물어 갔고 하늘은 변함없이 푸르렀을 뿐이었다. 산도 들판도 눈에 덮여 있었다. 경비병들의 겨울 복장을 바라보는 형의 얼굴에는 천진한 애들 같은 선망의 표정이 어려 있곤 했다. 날로날로 풀이 죽어 갔다.

어느 날 밤이었다. 일행도 경비병들도 모두 잠들었을 무렵 형은 또 동생의 귀에다 입을 대고 이즈음에 와선 늘 그렇듯 별나게 가라앉은 목소리로,

"그 새끼 생각이 난다. 맘이 꽤 좋았댔이야이."

ⓐ "……"

"난 원래 다리에 ㉡담증이 있는데이. 너두 알잖니 요새 좀 이상한 것다야." 하고는 해죽이 웃었다.

ⓑ "……"

동생은 놀라 돌아다보았다. 여느 때 없이 형은 쓸쓸하게 웃으면서 두 팔로 동생의 어깨를 천천히 그러안으면서,

"칠성아, 야하, 흠썩은 춥다."

ⓒ "······"

"저 말이다, 엄만 날 늘 불쌍히 여기댔이야, 잉. 야, 칠성아, 칠성아, 내 다리가 좀 이상헌 것 같다야이."

ⓓ "······"

동생의 눈에선 다시 눈물이 비어져 나왔다. 형은 별안간 두 눈이 휘둥그레져서 동생의 얼굴을 멀끔히 마주 쳐다보더니,

"왜 우니, 왜 울어, 왜, 왜. 어서 그치지 못하겠니."

하면서도 도리어 제 편에서 또 울음을 터뜨리고 있었다.

이튿날, 형의 걸음걸이는 눈에 띄게 절름거렸다. 혼잣소리도 풀이 없었다.

"그만큼 걸었음 무던히 왔구만서두. 에에이, 이젠 좀 그만 걷지딜, 무던히 걸었구만서두."

하고는 주위의 경비병들을 흘끔 곁눈질해 보았다. 경비병들은 물론 알은체도 안 했다. 바뀐 사람들은 꽤나 사나운 패들이었다.

그날 밤 형은 동생을 향해 쓸쓸하게 웃기만 했다.

"칠성아, 너 집에 가거든 말이다, 집에 가거든······"

하고는 또 무슨 생각이 났는지 벌쭉 웃으면서,

"히히, 내가 무슨 소릴 허니. 네가 집에 갈 땐 나두 갈 텐데, 앙 그러니? 내가 정신이 빠졌어."

한참 뒤엔 또 동생의 어깨를 그러안으면서,

"야, 칠성아!"

동생의 얼굴을 똑바로 마주 쳐다보기만 했다. 바깥은 바람이 세었다. 거적문이 습기 어린 소리를 내며 열리고 닫히곤 하였다. 문이 열릴 때마다 눈 덮인 초라한 ⓒ들판이 부유스름하게 아득히 뻗었다. 동생의 눈에선 또 눈물이 비어져 나왔다. 형은 또 벌컥 성을 내며,

"왜 우니, 왜? ㅎㅎㅎ"

하고 제 편에서 더 더 울었다.

며칠이 지날수록 ㉣형의 걸음은 더 절룩거려졌다. 행렬 속에서도 별로 혼잣소릴 지껄이지 않았다. 평소의 형답지 않게 꽤나 조심스런 낯색이었다. 둘레를 두리번거리며 경비병의 눈치를 흘끔거리기만 했다. 이젠 밤에도 동생의 귀에다 입을 대고 이것저것 지껄이지 않았다. 그러나 먼 개 짖는 소리 같은 것에는 여전히 흠칫흠칫 놀라곤 했다. 동생은 또 참다못해 눈물을 흘렸다. 그러나 형은 왜 우느냐고 화를 내지도 않고 울음을 터뜨리지도 않았다. 동생은 이런 형이 서러워 더 더 흐느꼈다. 그날 밤, 바깥엔 ㉤함박눈이 내렸다. 형은 불현듯 동생의 귀에다 입을 댔다.

"너, 무슨 일이 생겨두 날 형이라구 글지 마라, 어엉?"

여느 때답지 않게 숙성한 사람 같은 억양이었다.

"울지두 말구 모르는 체만 해, 꼭."

동생은 부러 큰 소리로,

"야하, 눈이 내린다."

형이 지껄일 소리를 자기가 지금 대신하고 있다고 생각했다.

ⓔ "……"

그러나 이미 형은 그저 꾹하니 굳은 표정이었다. 동생은 안타까워 또 울었다. 형을

그러안고 귀에다 입을 대고,

"형아, 형아, 정신 차려."

이튿날, 한낮이 기울어서 어느 영 기슭에 다다르자 형은 동생의 허벅다리를 쿡 찌르고는 걷던 자리에 털썩 주저앉고 말았다. 형의 걸음걸이를 주의해 보아 오던 한 사람이 뒤에서 따발총을 휘둘러 쏘았다. 형은 앉은 채 앞으로 꼬꾸라졌다. 그 사람은 총을 어깨에 둘러메면서,

"메칠을 더 살겠다고 뻐득대? 뻐득대길."

– 이호철, 나상(裸像)–

40. 위 글의 서술상 특징으로 가장 적절한 것은?

① 외양을 상세하게 묘사해 인물을 희화화하고 있다.

② 내적 독백을 통해 시간의 흐름을 지연시키고 있다.

③ 현재와 과거를 교차 서술하여 주제를 부각하고 있다.

④ 간접 인용을 활용하여 사건 전개의 신빙성을 높이고 있다.

⑤ 주인공의 반복적 행위를 서술하여 성격을 구체화하고 있다.

41. ㉠~㉤에 대한 이해로 적절하지 <u>않은</u> 것은?

① ㉠은 '형'의 동심을 불러일으킨다.

② ㉡은 형제 사이의 갈등을 유발한다.

③ ㉢은 '형'의 내면 풍경을 보여 준다.

④ ㉣은 '형'의 최후를 암시한다.

⑤ ㉤은 비극적 분위기를 고조시킨다.

42. 위 글을 시나리오로 각색하고자 할 때 ⓐ~ⓔ의 처리 방법에 대한 의견으로 적절하지

않은 것은? [3점]

① ⓐ에서는 '모두 잠들었을 무렵'이라는 상황을 고려하여 잠든 척 누워 있는 '동생'의 모습
을 보여 주면 좋겠군.

② ⓑ에서는 '놀라 돌아다보았다'라는 표현에 주목하여 걱정스레 '형'을 바라보는 '동생'의
표정을 보여 주면 좋겠어.

③ ⓒ에서는 춥다면서 끌어안는 '형'에게 기대어 공감하듯 고개를 끄덕이는 '동생'의 모습
을 보여 주면 좋겠군.

④ ⓓ에서는 아파하는 '형'을 눈물 어린 표정으로 바라보면서 아픔을 나누지 못하는 '동생'
의 안타까운 눈빛을 보여 주면 좋겠어.

⑤ ⓔ에서는 '부러 큰 소리로' 말했음에도 아무 반응이 없자 '형'을 무심하게 바라보는 '동
생'의 모습을 보여 주면 좋겠군.

43. 〈보기〉를 참조하여 위 글을 감상한 내용으로 적절하지 <u>않은</u> 것은?

① 이 작품의 제목은 본연의 순수성을 그대로 드러내는 '형'의 모습을 형상화한 것이다.

② '경비병'은 폭력적 상황 속에서 인간 본연의 모습을 억압하고 길들이는 감시망을 상징한다.

③ '형'과 '동생'이 계속 걸어야만 하는 강제적 상황은 구성원을 획일화하려는 현실을 반영한 것이다.

④ 자신을 압박해 오는 공포에 무감각한 '형'의 모습은 천진성을 파괴하려는 폭력에 대한 저항을 나타낸다.

⑤ '형'이 그를 지켜보던 '경비병'의 총에 맞는 것은 감시자의 요구를 수행할 수 없는 데 따른 희생을 보여 준다.

공신닷컴(gongsin.com/171401)이나 제 대박타점 카페(cafe.naver.com/dbtj/111)에 들어가면 자세한 해설 강의을 볼 수 있습니다.

나상(裸像)

이호철

형은 또 울었다. 밤이 깊도록 어머니까지 불러 가며 엉엉 소리 내어 울었다. 동생도 형 곁에서 남모르게 소리 죽여 흐느껴 울었다. 그저 형의 설움과 울음을 따라 울 뿐이었다. 동생도 이렇게 울면서 어쩐지 마음이 조금 흐뭇했다. 이날 밤의 감시는 밤새도록 엄했다. 바깥은 ⑦ 첫눈이 흩날리고 있었다. 형은 울음을 그치고 불쑥,

"야하, 눈이 내린다. 눈이, 눈이. 벌써 겨울이 다 됐네."

물론 감시병들의 감시가 심하니까 동생의 귀에다 입을 대지도 않고 이렇게 혼잣소리처럼 지껄였다.

제목 : '나상' ☞ '나상'이 뭐지? 그냥 솔직히 말할게. 사실 나도 몰라. 한자를 잘하는 친구들은 의미를 알 수 있을지도 모르지. 하지만 나는 몰라. 많은 경우 제목이 도움이 되는데 모르면 별수 없지. 그래도 이건 좀 특수한 경우고 기본적으로는 제목이 작품을 감상하는 데 도움이 되니까 제목을 꼭 체크해 두자.

인물 1 : '형' ☞ 형이 있으면 동생도 있겠군.

인물 2 : '동생' ☞ 거 봐. 있잖아.

사건 1 : '형은 또 울었다.' ☞ 형이 여러 번 울었나 봐. 형이 왜 울었을까? 처한 상황이 안 좋은 걸까? 아니면 좋아서 기뻐서 우는 건가? 형이 왜 우는지 읽으면서 알아보자.

ㄴ '형'의 심리 : '서러움'

ㄴ '동생'의 심리 : '서러움, 흐뭇함' ☞ 동생은 형 따라 울었으니까 동생의 심리도 서러운 거겠지(설마 형이 우니까 '쌤통이다' 하고 운 건 아니겠지). 그리고 형이랑 같이 운다는 것에 흐뭇한 감정도 있어. 조금 특이하네.

상황 1 : '이날 밤에 감시는 밤새도록 엄했다. ' ☞ 아 감시를 받고 있구나. 이제 우는 이유를 조금 알겠어. 상황이 확실히 안 좋긴 하네. 그냥 글자만 읽지 말고 인물이 처한 상황을 파악하며 읽자. 인물이 처한 상황은 감시를 받고 있어. 왜 감시를 받고 있는지는 아직 몰라. 읽으면서 알아보자.

사건 2 : '바깥은 첫눈이 흩날리고 있었다.'

ㄴ '형'의 심리 : '기뻐함' ☞ 울음을 그치고 '야하' 하고 눈을 반기니까 기뻐한다고 봐야겠지.

"저것 봐, 저기저기 에에이, 모두 잠만 자고 있네."

동생의 허리를 쿡쿡 찌르기만 하면서……. 어느새 양덕도 지났다. 하루하루는 수월히도 저물어 갔고 하늘은 변함없이 푸르렀을 뿐이었다. 산도 들판도 눈에 덮여 있었다. 경비병들의 겨울 복장을 바라보는 형의 얼굴에는 **천진한** 애들 같은 선망의 표정이 어려 있곤 했다. **날로날로 풀이 죽어** 갔다.

상황 2 : '날로날로 풀이 죽어 갔다. ' ☞ 날씨가 춥고 감시도 계속되니까 풀이 죽어 가나 봐.

인물의 성격 : '형＝천진함' ☞ 그러고 보니 형은 잘 울기도 하고 쉽게 기뻐하기도 해. 아까 눈 왔다고 기뻐했잖아. 정말 애같이 천진하네.

어느 날 밤이었다. 일행도 경비병들도 모두 잠들었을 무렵, 형은 또 동생의 귀에다 입을 대고 이즈음에 와선 늘 그렇듯 별나게 가라앉은 목소리로,

"그 새끼 생각이 난다. 맘이 꽤 좋았댓이야이."

ⓐ "……"

"난 원래 다리에 ⓛ 담증이 있는데이. 너두 알잖니. 요새 좀 이상한 것 같다야." 하고는 헤죽이 웃었다.

ⓑ "……"

동생은 놀라 돌아다보았다. 여느 때 없이 형은 쓸쓸하게 웃으면서 두 팔로 동생의 어깨를 천천히 끌어안으면서,

"칠성아, 아하, 흠썩은 춥다."

ⓒ "……"

"저 말이다, 엄만 날 늘 불쌍히 여깄댔이야, 잉. 야, 칠성아. 칠성아, 내 다리가 좀 이상헌 것 같다야이."

ⓓ "……"

동생의 눈에선 다시 눈물이 비어져 나왔다. 형은 별안간 두 눈이 휘둥그레져서 동생의 얼굴을 멀끔히 마주 쳐다보더니,

"왜 우니, 왜 울어, 왜, 왜. 어서 그치지 못하겠니 ."

하면서도 도리어 제 편에서 또 울음을 터뜨리고 있었다.

▶ **상황 3** : '어느 날 밤이었다.' ☞ 시간이 바뀌었어. 곧 새로운 사건이 생기겠지.

▶ **사건 3** : "난 원래 다리에 담증이 있는데이. 너두 알잖니. 요새 좀 이상한 것 같다야." ☞ 다리에 담증이 있대. 담증이 정확히 뭔지는 모르겠지만 다리에 병이 있다는 얘기겠지.

'헤죽이 웃었다.' ☞ 다리가 안 좋은데 웃네. 좀 이상하지? 왜 그럴까?

ㄴ '동생'의 심리 : '놀람' ☞ 형의 다리가 안 좋다는 걸 듣고는 놀랐어. 형이 아팠던 걸 몰랐나 봐.

ㄴ '형'의 심리 : 옛 생각이 남 ☞ 현재 상황이 슬프니까 옛날이 그리운가 봐. 어머니를 그리워하네.

ㄴ '동생'의 심리 : '슬픔' ☞ 형이 아프다니까 눈물이 비어져 나왔어.

ㄴ '형'의 심리 : '염려, 슬픔' ☞ 동생보고 울지 말라고 하는 것 보니 동생이 너무 슬퍼할까 봐 걱정되나 봐. 그런데 자기가 울어 버리는군. 광장히 잘 우는 사람이네.

이튿날, 형의 걸음걸이는 눈에 띄게 절름거렸다. 혼잣소리도 풀이 없었다.

"그만큼 걸었음 무던히 왔구만서두. 에에이, 이젠 좀 그만 걷지덜, 무던

히 걸었구만서두."

하고는 주위의 경비병들을 흘끔 곁눈질해 보았다. 경비병들은 물론 알은체

도 안 했다. 바뀐 사람들은 꽤나 사나온 패들이었다.

그날 밤 형은 동생을 향해 쓸쓸하게 웃기만 했다.

"칠성아, 너 집에 가거든 말이다, 집에 가거든……"

하고는 또 무슨 생각이 났는지 벌쭉 웃으면서,

"히히, 내가 무슨 소릴 허니. 네가 집에 갈 땐 나두 갈 텐데, 앙 그러니? 내

가 정신이 빠졌어."

한참 뒤엔 또 동생의 어깨를 그러안으면서,

"야, 칠성아!"

동생의 얼굴을 똑바로 마주 쳐다보기만 했다. 바깥은 바람이 세었다. 거

적문이 습기 어린 소리를 내며 열리고 닫히곤 하였다. 문이 열릴 때마다 눈

덮인 초라한 ⓒ 들판이 부유스름하게 아득히 뻗었다. 동생의 눈에선 또 눈

물이 비어져 나왔다. 형은 또 벌컥 성을 내며,

"왜 우니, 왜? 흐흐흐"

하고 제 편에서 더 더 울었다.

▶ 상황 4 : '이튿날' ☜ 시간이 바뀌었어. 곧 새로운 사건이 생기겠지.

▶ 사건 4 : '형의 걸음걸이가 눈에 띄게 절름거림. 계속 걸음' ☜ 날씨도 춥고 다
리도 아픈데 감시를 받으며 계속 걸었던 거네. 형의 몸이 점점 안 좋아지고 있어.

상황 5 : 감시를 받으며 장거리를 이동 중

└ '형'의 심리 : 집에 돌아가지 못할 거라는 생각을 함 ☜ 형이 자신의 죽음을
예감하는 것 같아. 이야기 속 상황이 점점 나빠지고 있네.

└ '동생'의 심리 : '슬픔' ☜ 또 우네. 형제가 정말 많이 우네. 그만큼 처한 상
황이 안 좋아.

└ '형'의 심리 : '염려, 슬픔' ☜ 아까와 비슷해. 동생이 너무 슬퍼할까 봐 걱정
하면서 자기가 더 울어 버리네.

며칠이 지날수록 ㉣ 형의 걸음은 더 절룩거려졌다. 행렬 속에서도 별로 혼잣소릴 지껄이지 않았다. 평소의 형답지 않게 꽤나 조심스런 낯색이었다. 둘레를 두리번거리며 경비병의 눈치를 흘끔거리기만 했다. 이젠 밤에도 동생의 귀에다 입을 대고 이것저것 지껄이지 않았다. 그러나 먼 개 짖는 소리 같은 것에는 여전히 흠칫흠칫 놀라곤 했다. 동생은 또 참다못해 눈물을 흘렸다. 그러나 형은 왜 우느냐고 화를 내지도 않고 울음을 터뜨리지도 않았다. 동생은 이런 형이 서러워 더 더 흐느꼈다.

그날 밤, 바깥엔 ㉤ 함박눈이 내렸다. 형은 불현듯 동생의 귀에다 입을 댔다.

"너, 무슨 일이 생겨두 날 형이라구 글지 마라, 어엉?"

여느 때답지 않게 숙성한 사람 같은 억양이었다.

"울지두 말구 모르는 체만 해, 꼭."

동생은 부러 큰 소리로,

"야하, 눈이 내린다."

형이 지껄일 소리를 자기가 지금 대신하고 있다고 생각했다.

ⓔ "……"

그러나 이미 형은 그저 꾹 하니 굳은 표정이었다. 동생은 안타까워 또 울었다. 형을 그러안고 귀에다 입을 대고,

"형아, 형아, 정신 차려."

사건 5 : '형의 걸음은 더 절룩거려졌다. 평소의 형답지 않게 꽤나 조심스런 낯색이었다.' ☞ 형의 건강이 더욱 안 좋아졌어. 게다가 형이 평소와 달라졌어. 평소와 다르다며 언급한다는 건 앞으로 나올 내용이 중요하는 얘기야. 형은 잡혀서 감시당하고 있는데 눈 온다고 좋아하던 사람이야. 원래 조심하는 성격이 전혀 아니었어. 그런 형이 바뀌었어. 앞 내용을 고려해 봤을 때 분명 건강이 악화되는 것과 관련이 있을 거야.

ㄴ '형'의 심리 : '조심스러움' ☞ 왜 형이 조심스러워졌을까? 계속 읽으면서 그 이유를 알아보자.

ㄴ '동생'의 심리 : '서러움' ☞ 형이 변한 게 서럽대.

사건 6 : "너, 무슨 일이 생겨두 날 형이라구 글지 마라, 어엉?" 여느 때답지 않게 숙성한 사람 같은 억양이었다. "울지두 말구 모르는 체만 해, 꼭." ☞ 천진했던 형이 숙성한 사람이 됐어. 그리고 동생보고 서로 모르는 사람인 척하라고 했어. 형이 왜 그랬을까? 앞 내용에서 형은 동생을 염려한다는 걸 고려해 봤을 때 모르는 척하라는 건 동생을 위한 행동이라는 걸 알 수 있어. 형은 자기에게 안 좋은 일이 생길 때 동생이 같이 얽히지 않길 바라기 때문이겠지.

ㄴ '형'의 심리 : '결연함' ☞ 자기가 죽더라도 동생만은 살리겠다는 결연한 각오를 하고 있어.

ㄴ '동생'의 심리 : '안타까움' ☞ 형의 변화가 싫은가 봐. 그래서 형이 변하기 전에 했던 말을 자기가 한 걸 거야.

이튿날, 한낮이 기울어서 어느 영 기슭에 다다르자 형은 동생의 허벅다리를 쿡 찌르고는 걷던 자리에 털썩 주저앉고 말았다. 형의 걸음걸이를 주의해 보아 오던 한 사람이 뒤에서 따방총을 휘둘러 쏘았다. 형은 앉은 채 앞으로 꼬꾸라졌다. 그 사람은 총을 어깨에 둘러메면서,

"메칠을 더 살겠다고 뻐득대? 뻐득대길."

상황 6 : 이튿날 ☞ 시간이 바뀌었어. 곧 새로운 사건이 생기겠지.

사건 7 : 형이 죽음

배경 : 내 생각에 배경은 6 · 25 전쟁 때야. 형과 동생은 아무래도 전쟁 포로인 것 같으니까. 그리고 감시하는 사람이 "메칠을 더 살겠다구 뻐득대? 뻐득대길."라며 우리말을 하는 걸 보니 6 · 25 전쟁 때인 거겠지.

갈등 : 인물과 세상과의 갈등 ☞ 순수한 형, 동생과 전쟁 중 잔인한 세상이 갈등을 일으키고 있어.

감상한 내용을 표로 정리해 봅시다.

제목	나상
배경	6·25 전쟁
상황	형과 동생이 전쟁 포로가 되어 겨울에 감시받으며 어디론가 이동하고 있다.
갈등	인물과 세상과의 갈등

사건	인물의 심리	
	형(천진함)	동생
1. 형이 또 울음	서러움	서러움, 흐뭇함
2. 바깥에 첫눈이 옴	기뻐함	×
3. 형이 다리에 병이 있는 걸 말함	옛 생각이 남, (동생을) 염려, 슬픔	놀람, 슬픔
4. 형이 다리가 안 좋은 채로 계속 걸음	집에 못 돌아갈 거라는 생각, (동생을) 염려, 슬픔	슬픔
5. 형의 건강이 악화됨	조심스러움	서러움
6. 형이 변함, 숙성됐음	결연함	안타까움
7. 형이 죽음	×	×

그럼 감상한 것을 토대로 문제를 풀어 봅시다.

40. 위 글의 서술상 특징으로 가장 적절한 것은?

① 외양을 상세하게 묘사해 인물을 희화화하고 있다.

② 내적 독백을 통해 시간의 흐름을 지연시키고 있다.

③ 현재와 과거를 교차 서술하여 주제를 부각하고 있다.

④ 간접 인용을 활용하여 사건 전개의 신빙성을 높이고 있다.

⑤ 주인공의 반복적 행위를 서술하여 성격을 구체화하고 있다.

답 : ⑤

⑤ '주인공'인 형이 '반복적'으로 울고 웃는 모습을 서술하여 성격이 천진한 애들 같다는 걸 '구체화'하고 있어.

①~④는 지문과 아무런 관련이 없어. ①~④가 왜 틀렸는지 모른다면 '희화화, 내적 독백, 시간의 흐름 지연, 현재와 과거 교차 서술, 간접 인용'의 말뜻이 뭔지 제대로 모르기 때문이야. 문학 교과서와 사전을 찾아보며 스스로 알아보자.

41. ㉠~㉤에 대한 이해로 적절하지 <u>않은</u> 것은?

① ㉠은 '형'의 동심을 불러일으킨다.

② ㉡은 형제 사이의 갈등을 유발한다.

③ ㉢은 '형'의 내면 풍경을 보여 준다.

④ ㉣은 '형'의 최후를 암시한다.

⑤ ㉤은 비극적 분위기를 고조시킨다.

답 : ②

②형과 동생은 서로 아껴 주고 염려해 주는 사이가 좋은 형제야. 그런데 문제를 낼 때 '둘

사이의 갈등'을 답으로 할 리가 없잖아. 지문을 올바로 감상했다면 쉽게 알 수 있지. 게다가

이 소설의 갈등은 인물과 세상의 갈등이야.

42. 위 글을 시나리오로 각색하고자 할 때 ⓐ~ⓔ의 처리 방법에 대한 의견으로 적

절하지 <u>않은</u> 것은? [3점]

① ⓐ에서는 '모두 잠들었을 무렵'이라는 상황을 고려하여 잠든 척 누워 있는 '동생'

의 모습을 보여 주면 좋겠군.

② ⓑ에서는 '놀라 돌아다보았다'라는 표현에 주목하여 걱정스레 '형'을 바라보는

'동생'의 표정을 보여 주면 좋겠어.

③ ⓒ에서는 춥다면서 끌어안는 '형'에게 기대어 공감하듯 고개를 끄덕이는 '형'의

모습을 보여 주면 좋겠군.

④ ⓓ에서는 아파하는 '형'을 눈물 어린 표정으로 바라보면서 아픔을 나누지 못하

는 '동생'의 안타까운 눈빛을 보여 주면 좋겠어.

⑤ ⓔ에서는 '부러 큰 소리로' 말했음에도 아무 반응이 없자 '형'을 무심하게 바라보

면 '동생'의 모습을 보여 주면 좋겠군.

답 : ⑤

ⓔ의 "……"는 형이 침묵하고 있는 부분이야. 바로 아래줄의 '형은 그저 꾹 하니 굳은 표정

이었다'라고 말한 걸 보면 알 수 있어. 그런데 '형'이 아니라 '동생'의 모습을 보여 주면 'ⓔ

의 처리 방법에 대한 의견'으로 적절하지 않겠지. 게다가 동생은 결코 형에게 무심하지 않

아. 둘이 사이가 얼마나 좋은데.

43. 〈보기〉를 참조하여 위 글을 감상한 내용으로 적절하지 <u>않은</u> 것은?

<보기>

이 작품에서 작가는 북한군의 포로가 된 형제가 전쟁이라는 상황에서 어떤 모습을 보이는지를 실감 나게 그리고 있다. 특히 천진난만한 '벌거숭이 인간'인 '형'이 외부의 폭력에 희생되는 모습을 묘사하여 근원적인 인간성이 얼마나 소중한지를 일깨워 준다. 또한 이 작품은 포로 호송이라는 상황을 빌려 구성원을 획일화하는 사회를 우회적으로 비판한다.

① 이 작품의 제목은 본연의 순수성을 그대로 드러내는 '형'의 모습을 형상화한 것이다.

② '경비병'은 폭력적 상황 속에서 인간 본연의 모습을 억압하고 길들이는 감시망을 상징한다.

③ '형'과 '동생'이 계속 걸어야만 하는 강제적 상황은 구성원을 획일화하려는 현실을 반영한 것이다.

④ 자신을 압박해 오는 공포에 무감각한 '형'의 모습은 천진성을 파괴하려는 폭력에 대한 저항을 나타낸다.

⑤ '형'이 그를 지켜보던 '경비병'의 총에 맞는 것은 감시자의 요구를 수행할 수 없는 데 따른 희생을 보여 준다.

답 : ④

① 〈보기〉를 참조하면 '천진난만한 벌거숭이 인간'인 '형'이라고 했어. 이 소설의 제목은 「나상」이야. 아하! 「나상」의 '나'자와 나체(벌거벗은 몸)의 '나'자가 같은 글자라는 추측을 할 수 있어. 그렇다면 제목 「나상」이 '벌거숭이 인간'이란 의미니까 '이 작품의 제목은 본연의 순수성을 그대로 드러내는 형의 모습을 형상화한 것'이라고 할 수 있겠네. 이건 나상이라는 단어의 뜻을 아는지를 묻는 답지가 아니야. 나상이라는 단어는 일반 고등학생이 알 만한 수준의 단어가 아니야. 그러니 나상의 단어 뜻을 몰라도 돼. 이건 〈보기〉를 참조해서 제목의 뜻을 생각하는 능력을 묻는 답지지. 이걸 못 풀었다면 〈보기〉를 참조하지 않고 나상의 단어 뜻을 모른다는 생각만 했기 때문이야.

④ 형은 공포에 무감각하지 않아. 계속 울잖아. 지문을 올바로 감상했다면 쉽게 알 수 있지. 게다가 형과 동생은 '저항'을 전혀 안 했잖아.

문학 자습서에서 소설을 분석하는 것처럼 심오하게 소설의 모든 걸 다 알아낼 필요는 없습니다. 이렇게 알 수 있는 만큼만 알아내면 됩니다. 수능 언어영역 문제는 내신 국어 문제와는 달리 작품에 대한 배경지식이 없어도 충분히 풀 수 있게 출제되기 때문입니다. 비문학 읽듯이 읽으면 됩니다. 배경지식을 갖추려하기보다는 작품을 직접 분석할 수 있는 능력을 기르세요.

시험보기 필살기

문제를 먼저 읽을까요? 지문을 먼저 읽을까요?

문제를 먼저 읽어야 하나 지문을 먼저 읽어야 하나 고민이 많죠. 누구는 '문제를 먼저 읽어야 한다. 그게 기술이다!'라고 하고 누구는 '지문을 먼저 읽어야 한다. 그게 기본이다!'라고 합니다. 떡볶이를 먹고 튀김을 먹는 게 좋나요? 아니면 튀김을 먹고 떡볶이를 먹는 게 좋나요? 어차피 다 먹을 거 아닌가요? 결국 뱃속에 들어가는 건 똑같죠. 마찬가지로 문제를 먼저 읽든 지문을 먼저 읽든 어차피 문제와 지문 둘 다 읽는 거 아닌가요? 먼저 읽는 순서는 중요하지 않습니다.

'문제를 먼저 읽어 두면 지문에서 문제 푸는 데 필요한 부분만 골라 읽을 수 있지 않을까요?'라는 질문을 할 수 있습니다. 물론 몇몇 문제들은 그럴 수 있습니다. 한 지문당 네 문제가 있다고 한다면 그중 한 문제, 많으면 두 문제는 지문을 다 읽지 않아도 풀 수 있습니다. 그러나 나머지 두세 문제는 지문을 다 읽어 봐야 풀 수 있습니다. 어차피 다 읽어야 합니다. 저의 경우는 문제를 먼저 읽으면 머리가 혼란스러워서 지문을 먼저 읽었습니다. 문제를 미리 읽어 두면 지문을 읽기 편한 경우도 많이 있습니다만 결국 시간상으로 별 차이는 없거든요. 떡볶이를 먹고 튀김을 먹든 튀김을 먹고 떡볶이를 먹든 취향대로, 먹고 싶은 대로 먹는 것이 가장 잘 먹는 것이듯 문제를 먼서 읽고 지문을 읽든 지문을 먼저 읽고 문제를 읽든 읽고 싶은 대로 읽는 것이 가장 잘 읽는 것입니다.

실력을 잘 발휘하는 전략

언어영역 시험지를 그냥 페이지 순서대로 푸는 것보다 자신의 실력을 잘 발휘할 수 있는 순서대로 푸는 게 좋겠죠? 제가 언어영역을 푸는 전략을 소개해 드리겠습니다.

1.듣기 → 2.쓰기 →3.비문학 →4.수필, 희곡, 소설→5.시

1. 듣기

 듣기 문제를 푸는 사이사이에 쓰기 문제를 푸는 분들이 많습니다. 하지만 저는 시간을 조금 허비하더라도 쓰기 문제를 내버려 두고 듣기 문제를 풀 때는 듣기 문제 푸는 데에만 집중하는 게 낫다고 생각합니다. 다른 문제는 잠깐 집중이 흐트러져도 다시 읽으면 되지만 듣기는 잠깐 놓치면 대책이 없습니다. 위험한 건 이것이 듣기 한 문제를 놓치는 것에서 끝나지 않는다는 겁니다. 듣기 한 문제를 놓치면 놓쳐 버린 문제를 생각하느라 그다음 듣기 문제도 놓칠 수 있습니다. 또한 수능 첫 교시인 언어영역 시험 초반부터 한 문제를 놓쳐 버리면 심리적으로 타격이 큽니다. 자신감과 의욕이 떨어져서 언어영역 시험뿐만 아니라 수능 시험 전체를 보는 데 지장이 생길 수 있습니다. 시간을 조금 허비하더라도 듣기 방송이 나오는 동안에는 다른 문제를 풀지 않는 것이 좋습니다.

2. 쓰기

 쓰기 문제를 맨 마지막에 푸는 분들이 종종 있습니다. 지문이 있는 문제를 마지막에 남겨 두면 시간이 부족해서 지문을 다 못 읽을 경우 그 지문과 세트로 있는 모든 문제를 다 못 풀까 봐 걱정하기 때문입니다. 하지만 저는 듣기 다음에 바로 쓰기를 푸는 게 유리하다고 생각합니다. 언어

영역은 수능 첫 교시에 있기 때문에 잠에서 깨어난 지 얼마 안된 채로 시험을 봅니다. 눈과 머리가 긴 지문을 읽는 데 준비가 제대로 안된 상태입니다. 운동선수로 치면 몸이 덜 풀린 상태라는 거지요. 준비 운동이 필요합니다. 쓰기 문제는 짧습니다. 쓰기 문제를 먼저 풀어 보는 건 긴 지문이 있는 문제를 편안하게 푸는 데 좋은 준비 운동이 됩니다. 또한 긴 지문이 있는 다른 문제에 비해 쓰기 문제는 대체적으로 쉽습니다. 처음부터 긴 지문이 있는 어려운 문제를 풀다가 자신감을 잃는 것보다는 쓰기 문제를 풀면서 자신감을 얻는 게 유리합니다.

3. 비문학

쓰기를 풀며 준비 운동을 한 다음에는 문학을 풀지 말고 비문학을 푸세요. 기본적으로 문학은 비문학보다 어려운 글입니다. 비문학은 의미가 명료하게 드러나도록 문장을 직설적이고 논리적으로 쓰는 글인 반면에 문학은 논리와 직설을 뛰어넘어 비유, 상징, 반어, 역설, 감정 이입, 운율 등 수많은 기법이 동원된 예술 작품입니다. 논술(비문학)은 대입 시험에서 사용되지만 시(문학)는 과거 시험에서 사용됐던 것만 생각해 봐도 문학이 비문학보다 어렵다는 걸 알 수 있습니다. 물론 어려운 내용을 다루면 비문학도 어려워질 수 있습니다만 글 형식 자체는 비문학이 더 쉽다는 건 틀림없는 사실입니다. 수학 시험에서 쉬운 문제부터 푸는 게 유리하듯 언어도 문학을 풀기 전에 비문학을 먼저 푸는 게 더 좋습니다.

4. 수필, 희곡, 소설

비문학을 다 풀었으면 시를 제외한 문학을 푸세요. 대체로 수필이 희곡, 소설, 시에 비해 문학적인 기법이 덜 들어가 비문학에 가까우므로 수필이 출제될 경우 수필을 먼저 푸는 게 좋습니다. 그다음에는 희곡이나 소설을 푸세요.

5. 시

시를 맨 마지막에 남겨 둔 이유는 두 가지가 있습니다. 첫째는 시가 문학적인 기법이 가장 많이 들어가기 때문에 글 읽는 속도가 느려질 수밖에 없습니다. 시험 초반이나 중반에 글 읽는 속도가 느려지면 마음이 초조해질 수 있고 글 읽는 페이스 자체가 떨어져서 다른 지문이 빨리 안 읽힐 수 있습니다. 둘째는 짧은 시 두세 개가 한 지문으로 출제되기 때문에 마지막에 지문을 읽을 시간이 부족하더라도 시 한 편만 읽고 그 시에 관련 있는 문제를 풀 수 있기 때문입니다. 예를 들어 지문에 시가 (가), (나), (다) 세 편이 있다면 (가)에 대해서만 묻는 문제가 나오면 (나)와 (다)를 안 읽고도 풀 수 있습니다. 그러므로 시를 맨 마지막에 푸는 게 좋습니다.

수능 언어영역 명품 공부 계획

어떤 교재로 공부할까?

다른 과목과는 달리 언어영역 문제집에는 문제에 오류가 많습니다. 언어영역 실력이 뛰어나서 문제에 오류가 있는지 없는지 구별할 수 있다면 괜찮습니다. 오류가 있는 문제를 무시하고 넘어갈 수 있으니까요. 하지만 실력이 미숙해서 문제에 오류가 있는지 없는지 구별할 수 없다면 골치 아픈 상황이 일어납니다.

비문학 수능 기출 문제 70% 풀기

↓

문학 교과서 정독하기

비문학
수능 기출 문제   +   ↓
30% 풀기

문학 수능 기출 문제 풀기

↓

수능 기출 문제 복습   +   평가원·교육청 기출 문제로 실전 연습
(3회 이상)

↓

공부한 교재 총정리

↓

수능 대박!

문제를 풀다가 틀렸는데 답지 해설을 봐도 이해를 못하겠다고 해 봅시다. 문제가 오류인지 자신의 생각이 오류인지 구분이 안 갑니다. 자신의 생각이 옳고 문제가 오류인데 자신의 생각이 오류라고 여겨 생각을 오류로 바꾸는 경우가 발생할 수 있습니다. 또는 문제가 옳고 자신의 생각이 오류인데 문제가 오류라고 여겨 자신의 생각 오류를 방치하는 경우가 발생할 수 있습니다. 아무리 공부해도 문제의 오류 때문에 뇌만 오염됩니다.

실력이 오르지 않는 진창에 빠지게 됩니다. 결국 '언어는 공부해도 성적이 안 오르고 안 해도 성적이 안 떨어진다'라고 생각하고 맙니다. 언어영역 공부는 자신의 비논리적인 사고를 뜯어고치는 뇌 수술 작업입니다. 사고의 오류를 수정하며 생각에 올바른 질서를 세우는 일입니다. 여기서 오류투성이 문제집으로 오류투성이 질서를 세워서는 안 되겠죠?

그렇다면 어떤 문제를 풀면 좋을까요? 오직 기출 문제만 푸세요. 다른 문제는 일절 접하지 마세요. 수능 기출 문제에 비하면 다른 문제들은 이물질에 불과합니다. 수능이 실시된 지 19년이나 되었고 질 좋은 수능·평가원·교육청 문제가 많이 쌓여 있으니 다른 문제집을 볼 필요도 없습니다. 기출 문제를 여러 번 복습해서 수능의 논리적인 사고방식을 머릿속에 완전히 복제시키세요.

Step 1. 비문학 수능 기출 문제집 풀기

언어영역 공부를 시작할 때 문학을 먼저 시작하는 분들이 많습니다. 하지만 앞의 '시험보기 필살기'에서도 언급했듯이 문학은 비문학보다 어려운 글입니다. 비문학이 기본이라면 문학은 심화라고 할 수 있겠지요. 수능 언어영역 시험에서 처음 보는 비문학 지문을 그 자리에서 분석해서 풀듯 사전 지식이 없는 처음 보는 문학 작품도 그 자리에서 분석해서 풀 수 있어야 합니다. 따라서 비문학으로 기본적인 지문 분석하는 훈련을 한 뒤에 문학으로 심화된 지문 분석 훈련을 하는 것이 좋습니다. 게다가 수능 언어영역 시험에서는 비문학이 여섯 지문, 문학이 네 지문 출제됩니다. 또한 듣기와 쓰기도 비문학의 영역에 속합니다. 듣기도 은근히 어려울 때가 있습니다. 듣기 문제를 틀리는 건 귀가 안 들려서도 아니고 영어 듣기처럼 발음이 안 들려서도 아닙니다. 비문학 실력이 부족해서입니다. 비문학이 지문을 눈으로 읽고 문제를 푸는 것이라면 듣기는 지문을 귀로 듣고 문제를 푸는 것의 차이일 뿐이지요. 듣기도 비문학처럼 풀어야 합니다. 이런 점을 고려했을 때 수능 언어영역에서 비문학의 비중이 65%, 문학의 비중이 35% 정도입니다. 그러므로 언어영역 공부를 처음 시작할 때는 비문학을 집중적으로 공략하는 것이 좋습니다.

다른 건 아무것도 하지 말고 오직 비문학만 따로 정리된 19개년 수능 기출 문제집으로 공부하세요. 지문을 분석하는 훈련과 문제를 푸는 훈련을 하세요. 비문학 수능 기출 문제집을 70% 정도 푼 다음에 문학 공부를 시작하세요. 나머지 30%는 문학 공부를 하면서 비문학에 대한 감을 잃지 않도록 틈틈이 조금씩 풀어 주세요.

Step 2. 문학 교과서 정독하기

문학 교과서를 정독하면서 의성어, 의태어, 감각적 이미지, 화자, 행과 연, 후렴, 함축적 의미, 시점, 어조, 시상, 인물 간의 갈등, 내재적·외재적 감상 등 수능 문학 문제를 푸는 데 필요한 기본적인 용어와 개념을 정리하세요. 이와 함께 남은 비문학 수능 기출 문제도 틈틈이 푸세요.

Step 3. 문학 수능 기출 문제 풀기

문학 교과서로 기본적인 용어와 개념을 정리했으면 문학 수능 기출 문제를 푸세요. 여기서 기출 문제는 시, 소설, 희곡 등을 섞어서 풀지 말고 한 분야씩 푸는 게 좋습니다. 기출 문제를 푸는 자세한 이유는 대박타점 사회·과학 공부법 편의 '기출 문제 분석 필살기'를 참고하세요. 이와 함께 남은 비문학 수능 기출 문제도 틈틈이 푸세요.

Step 4. 평가원·교육청 기출 문제로 실전 연습

마지막 단계는 평가원·교육청 기출 문제로 실전 연습을 하는 겁니다. 언어영역이 수능 시험 1교시니 실전 연습은 가능한 한 아침에 하는 게 좋습니다. 이때는 실전처럼 시간을 재면서 최대한 빨리 풀려고 노력하되 다 푼 다음에는 틀린 지문뿐만 아니라 맞은 지문 전부 다 제가 앞에서 알려 드린 방법대로 천천히 꼼꼼하게 분석하세요. 그리고 수능 기출 문제를 세 번 이상 복습하세요. 그리고 수능 전까지 공부했던 모든 교재를 복습합니다.

내신 시험의 꽃, 그건 벼락치기입니다. 우리는 결코 미리 공부하지 않으므로……. 그런데 사실 시험 기간은 결코 공부하기 좋은 기간이 아닙니다. 오히려 시험 기간은 놀기 좋습니다. 시험 기간은 정작 공부는 안 하면서 공부에 대한 고뇌만 많이 할 때입니다.

시험 볼 때는 학교가 일찍 끝나죠. 평소에 학교가 끝날 때쯤이면 태양이 저 멀리 지려고 하지만 시험 기간에는 태양이 나를 찬란하게 비춥니다. 학교가 일찍 끝나니까 싱숭생숭하고 자유로운 기분이 듭니다. 공원에 가서 뛰어놀고 싶은 마음을 다잡고 겨우 집에 돌아옵니다. 집에 오면 바로 공부를 하나요? 아니죠. 평소에 안 하던 책상 정리를 해 줘야죠. 어수선한 분위기에서는 집중이 잘 안되니까요. 책상 정리를 두 시간쯤 하고 나면 엄마가 밥 먹으라고 부르십니다. 밥을 배불리 먹고 나면 소화시킬 겸 TV를 켭니다. TV를 켜면 펜싱 같은 걸 하는데 이날따라 왠지 재미있습니다.

그러면 집에서 공부에 집중하기가 힘들다는 생각이 듭니다. 집은 그렇다 치고 도서관은 좋나요? 그날따라 도서관에 사람들이 많습니다. 친구들이 놀이터보다 더 많이 모여 있습니다. 중학교 동창도 만나고 초등학교 동창도 만납니다. 그래서 공부는 안 하고 공부에 대한 이야기꽃을 피우는 거죠. 시험 범위가 너무 많다느니, 난 이만큼 했다느니, 그 선생은 어떻다느니……. 그렇게 계속 얘기하면 어떤가요? 배고프죠? 편의점에 가서 삼각김밥에 컵라면이 또 그렇게 맛있을 수가 없습니다. 그런데 인스턴트 먹으면 어떤가요? 배 아프잖아요. 또 좀 쉬어 줘야죠. 그러다가 그냥 '에라, 몰라!' 하는 거죠. 초조해서 더욱 나른해지고 싱숭생숭해서 잡다한 생각이 한도 끝도 없이 펼쳐집니다. 공부하는 게 중요할수록 공부가 손에 안 잡힙니다. 그리고 나중에는 어차피 지금부터 해도 턱없이 부족하다는 마음에 자포자기로 더 놀아 버립니다.

이렇게 시험 기간이 되면 평소보다 더 놀게 됩니다.

필살기1. 한만큼 오른다

시험 전날 그렇게 놀다 보면 나중에 시험 범위를 공부하는 데에 20시간은 필요한데 공부할 수 있는 시간은 5시간도 안될 때가 있습니다. 어차피 지금부터 해도 턱없이 부족하다는 마음에 자포자기로 더 놀아 버립니다. 이때 좌절감 때문에 '하루만 더 있다면 내가 진짜 열심히 할 텐데' 하면서 주어진 하루를 놀면서 보냅니다.

하지만 시험공부는 '모 아니면 도'가 아닙니다. 주어진 시간이 5시간뿐이라면 5시간이라도 공부하세요. 그 몇 시간에 전부 다 공부하진 못하더라도 너무나 많은 걸 할 수 있습니다. 점수를 많이 올릴 수 있습니다. 시험공부는 시험 범위를 전부 '했다/못했다'의 문제가 아니라 한 만큼 성적이 더 나오는 것입니다. 5시간 공부해 봤자 다 못하는 게 아니라 5시간 공부하면 5시간 공부한 만큼 성적이 오르는 겁니다.

포기하지 않고 있는 시간만 활용해도 시험에서 세 문제는 더 맞힐 수 있습니다. 한 문제당 3점이라면 9점은 더 올리는 거죠.

필살기2. 먼저 전체적으로 훑어보기

다들 겪어 봤겠지만 시험 대비 공부하는 게 항상 예상보다 시간이 많이 걸립니다. 4시간이면 다 할 줄 알았는데 실제론 10시간 이상 걸리는 경우가 허다하지요. 시험 범위 앞부분부터 꼼꼼히 하다 보면 겨우 절반 정도 공부했는데 시곗바늘은 새벽 세 시를 가리키는 상황이 발생할 수 있습니다. 결국 뒤로 갈수록 날림으로 대충 마무리하고 말죠. 특히 시험 범위가 많은 암기 과목에서 그렇습니다.

'앞부분 꼼꼼+뒷부분 날림'보다 '전체적으로 그럭저럭' 공부한 것이 성적이 훨씬 더 높게 나오는 법입니다. 처음에는 전체적으로 빠르게 훑어

보며 공부하세요. 하나하나 확실히 외우지 않더라도 눈에 익힌다는 느낌으로 전체적으로 3~4번 읽으세요. 그렇게만 해도 기억나는 것들이 있습니다. 객관식 문제는 완벽히 암기하지 않더라도 어설프게 기억만 나도 풀수 있는 경우가 제법 많습니다. 훑어본 후에 암기가 잘 안되는 부분들을 체크해서 공평하게 시간 배분하고 공부하세요. 훑어보기만 해도 시험에서 두 문제는 더 맞힐 수 있습니다. 6점은 더 올리는 거죠. 필살기 1에서 9점을 올렸으니 합쳐서 15점은 올릴 수 있습니다.

필살기 3. 문제 읽고 바로 답 읽기

과목에 따라서 수업 시간에 나눠 준 문제 프린트가 있을 겁니다. 이런 프린트는 내신 시험에서 많이 반영됩니다. 프린트가 중요한 걸 알면서도 시험 전날 벼락치기할 때 그 문제들을 하나하나 다 풀자니 시간이 부족할 수 있습니다. 프린트의 반 정도 풀 시간밖에 없을 수 있고 다 푼다 해도 복습할 시간이 없을 수 있습니다.

이럴 때 문제 프린트를 최단시간에 공부할 수 있는 비법이 있습니다. 바로 '문제 읽고 바로 답 읽기' 비법입니다. 시간 들여서 문제를 하나하나 푸는 게 아니라 그냥 바로 답을 읽어 버리는 겁니다. 문제를 푸는 시간이 없기 때문에 세 배는 빠릅니다. 꼭 수업 시간에 나눠 준 프린트가 아니더라도 문제집에서 시험 범위에 해당하는 문제들을 풀어 보면 시험 보는 데 많은 도움이 됩니다. 어떤 식으로 문제가 나오는지 감을 잡아 두면 공부할 때 방향이 잡히고 시험 볼 때도 편합니다. 하지만 문제를 풀어 볼 시간이 없을 수 있습니다. 이럴 때 '문제 읽고 바로 답 읽기' 비법을 사용하면 됩니다.

이것만으로도 시험에서 두 문제는 더 맞힐 수 있습니다. 6점은 더 올리는 거죠. 필살기 1, 2에서 15점을 올렸으니 합쳐서 21점은 올릴 수 있습니다.

필살기4. 내신은 적중의 싸움

공부는 정말 열심히 하는데 성적은 늘 중상위권에 머무는 학생들이 반에서 한두 명쯤은 있죠? 이런 분들은 대체로 '미련하게(?)' 공부해서 그렇습니다. 내신 시험을 잘 보는 학생이 출제될 문제를 예측해 두면 곧잘 적중합니다. 수업 시간에 선생님이 강조한 내용이나 필기 등을 통해 어떤 문제가 나올지 추론하기 때문이죠. 열심히 하는데도 성적이 안 나오는 학생들은 그냥 공부만 열심히 했지 이런 추론 작업을 전혀 하지 않습니다. 그저 우직하게 공부해서는 고득점을 할 수 없습니다. 공부할 때 중요한 부분과 안 중요한 부분에 강약을 줘야 같은 노력이라도 점수를 훨씬 높게 받을 수 있습니다.

적중으로 시험에서 두 문제는 더 맞힐 수 있습니다. 6점은 더 올리는 거죠. 필살기 1, 2, 3에서 21점을 올렸으니 합쳐서 27점은 올릴 수 있습니다.

필살기5. 채점하지 말기

1교시 시험 끝나고 2교시 시험이 남아 있는데 채점하십니까? 1교시 못 봤다는 거 확인하기 위해서라면 2교시를 못 봐도 괜찮다는 겁니까? 시험 사이 쉬는 시간은 황금 시간입니다. 이때 공부한 건 제대로 암기를 못하더라도 잠깐 기억나는 걸로도 문제를 풀 수 있습니다. 5초 전에 공부한 것이 문제 1번으로 나올 수 있습니다. 쉬는 시간에 친구들이 답을 맞추어 보는 게 신경 쓰인다면 복도로 나와서 공부하세요. 이때 교실은 마의 소굴입니다. 시험 날 손등에 적으세요.

"쉬는 시간에 공부하기!"

쉬는 시간에만 제대로 공부하면 한 문제는 더 맞출 수 있습니다. 3점은 더 올리는 거죠. 필살기 1, 2, 3, 4에서 27점을 올렸으니 합쳐서 30점은 올릴 수 있습니다.

필살기6. 등굣길에도 공부하기

등굣길 시간은 황금 시간입니다. 시험 본다는 긴장감이나 공부를 제대로 못했다는 허탈감 같은 감상에 젖을 시간이 아닙니다. 점수를 올릴 수 있는 시간입니다. 등교하면서도 손과 머리는 얼마든지 쓸 수 있습니다. 책상 앞에 앉은 것과 아무 차이 없습니다. 등굣길에도 공부하세요. 물론 전봇대는 조심해야겠지요.

시험 기간에는 제발 놀지 마세요. 열심히 하는 건 바라지도 않습니다. 놀지만 않아도 성적은 무조건 오릅니다. 시간은 어차피 갑니다. 스트레스 받는 시험 기간은 어쨌든 곧 지나갑니다. 어차피 가는 시간, 공부하면서 보내세요. 힘들 거 뭐 있습니까? 시험에 대한 압박감에 너무 신경 쓰지 말고 그저 지금 시간을 알차게 보내면 됩니다. 이 순간을 치열하게 보내세요. 공부하세요. 지금!

chapter 04

대박타점

사회·과학 공부법

"언제부터 시작하는 것이 좋을까?"

어떻게 공부하고 있니?

고1, 고2 후배님들 중에서 조급해서 수능 탐구영역을 지나치게 미리 대비하려는 분들이 많습니다. 하지만 최상위권이 아닌 이상 보통은 고3 3월 이후에 하는 게 적절하다고 생각합니다. 생각보다 많이 늦나요? 3월 이후에 시작하면 너무 늦을 것 같나요?

한번 따져 볼까?

무조건 일찍 시작한다고 좋은 게 아닙니다. 무조건 일찍 시작한다고 공부를 많이 할 수 있는 것이 아닙니다. 탐구영역을 미리 함으로써 언수외를 적게 하는 것도 생각을 해야 합니다. 기본적으로 언수외는 미리 할수록 유리하고 탐구는 나중에 할수록 유리합니다. 그러니 겨울 방학 때 탐구를 하지 말고 언수외를 집중적으로 공부하세요. 언수외를 확실히 해 둬야 나중에 탐구영역 공부할 시간을 확보할 수 있습니다. 탐구를 미리 공부하느라 언수외 덜하면 나중에 언수외를 공부하느라 탐구 공부 덜합니다. 언수외는 나중에 급하게 하면 성적이 오르지 않습니다. 결국 언수외도 못 보고 탐구도 못 보지요. 하지만 언수외를 미리 많이 공부해 놓으면 나중에 언수외는 실력 유지하는 만큼만 공부하고 탐구영역에 시간을 집중적으로 투자할 수 있습니다. 탐구영역은 나중에 급하게 해도 성적이 오릅니다. 그러면 결국 언수외도 잘 보고 탐구도 잘 봅니다.

이게 바로 대박타점!

탐구영역을 늦게 시작한다고 해서 결코 탐구를 조금 공부하는 게 아닙니다. 공부하는 순서만 늦추는 겁니다. 공부를 효과적인 순서로 하는 겁니다. 탐구를 잘하고 싶으면 탐구를 미리 공부하지 마세요. 그보다는 언수외를 확실히 다져 놓으세요. 좀 더 전략적으로 생각하기 바랍니다.

"몇 과목을 선택하는 것이 좋을까?"

한번 따져 볼까?

"탐구영역을 세 과목 다 준비할 것이냐? 아니면 두 과목만 준비할 것이냐?"

공부할 것이 많은 고3들이 고민하는 문제일 겁니다. 물론 사교육 업계에서 전문가라는 사람들은 "수능 날 실수로 한 과목을 망칠 수도 있다. 그러니 설령 두 과목만 요구하는 대학에 지원하더라도 세 과목을 준비해야 한다. 그래야 못 본 과목을 뺄 수 있다."라고 말할 겁니다. 하지만 생각해 보면 세 과목 준비하고 두 과목 요구하는 대학에 지원하면 결국 고3 때 한 과목을 준비하느라 투자한 귀한 시간이 헛수고인 게 됩니다. 물론 두 과목만 준비하면 위험 부담이 있는 만큼 탐구영역에서는 손해일 수 있습니다. 하지만 여유 부리며 심심풀이로 한 과목 더 공부할 만큼 입시는 만만한 게 아닙니다. 그 정도 위험과 손해는 감수해야 합니다. 한 과목 덜 공부한 시간을 언수외에 투자했다면 설령 한 과목을 망치더라도 언수외에서 무조건 만회할 수 있습니다. 무조건 본전 뽑을 수 있습니다. 결국은 남는 장사라는 것이지요. 세 과목 요구하는 대학에 지원할 게 아니라면 한 과목을 덜 준비하고 나머지 시간을 언수외에 투자하거나 선택한 두 과목에 투자하는 게 더 유리합니다. (특히 이과 분들은 두 과목 공부할 경우 I 과목 한 개, II 과목 한 개 하지 말고 I 과목 두 개를 준비하세요. 과학 II 과목 공부한다는 게 보통 일이 아닙니다. I 과목은 2학년 때 한 번 했던 것이지만 II 과목은 처음 하는 것이어서 익숙하지도 않고 분량도 많은 데다가 난이도도 높습니다. I 과목보다 시간이 네 배는 더 걸립니다.)

이게 바로 대박타점!

물론 그렇다고 해서 목표를 낮추라는 건 절대 아닙니다. 만약 지금 성적이 아무리 낮더라도 목표가 서울대라면 저는 과감하게 세 과목 다 공부하기를 권합니다. 많은 사람들이 목표가 많이 높으면 비웃지만 정말 비웃음당해야 할 사람은 목표가 높은 사람을 비웃는 멍청이들입니다. 평생 아무것도 할 수 없는 족속들이지요. 다만 제가 얘기하는 것은 처음부터 두 과목을 요구하는 대학에 지원할 생각이면서 한 과목 망칠 것을 대비해 세 과목을 준비하지는 말라는 겁니다. 그건 무조건 손해 보는 작전이니까요. 사교육 업계에서 돈 더 벌려고 하는 소리입니다. 고민할 것 없이 두 과목을 요구하는 대학이 목표라면 두 과목을 준비하고 세 과목을 요구하는 대학이 목표라면 세 과목을 준비하면 됩니다.

인터넷 강의 들을 때 딴짓 안 하게 되는 필살기

어떻게 공부하고 있니?

탐구영역은 개념만 볼 때는 쉬운 것 같아도 막상 문제를 풀려고 하면 어렵습니다. 개념을 오해한 것도 많고 겉핥기로만 안 것도 많기 때문입니다. 그러니 독학이나 일반 학원 수업 듣는 것보다는 인터넷 강의로 잘 가르치는 강사의 설명을 듣고 정확히 배우는 게 좋습니다. 탐구영역은 제대로 된 강의를 듣고 깔끔하게 정리하는 것과 그냥 공부하는 것의 차이가 큽니다. 그런데 인터넷 강의는 집중하기 힘들다는 치명적인 단점이 있습니다. 현장에서 직접 듣는 게 아니다 보니 화면에서 떠드는 말들이 어느 순간부터는 나와 상관없는 일이 되고 소음 처리됩니다. 컴퓨터로는 강의 듣는 것 말고도 할 수 있는 것이 많고, 하고 싶은 것도 많습니다. 인강을 듣다 보면 '아, 내 미니홈피 방명록에 뭐 적혀 있지 않았을까? 아, 그 운동화가 얼마였더라? 김연아가 새로 CF 찍었다는데 그거나 찾아 봐야겠다! 공신 사이트에 질문 올렸는데 댓글 달렸을까?' 하며 딴짓을 하고 싶은 충동이 불쑥불쑥 생깁니다. 그러다가 '잠깐' 옆길로 새는 거죠. 그렇게 한 시간짜리 강의를 두 시간째 듣고 있는 건 아닌지요? 저도 그랬습니다. 지금 아무리 공신 행세해 봤자 저도 예전엔 여러분 같은 학생이었던걸요. 항상 옆길로 새고 한참 논 다음엔 자책하고 후회했습니다. 공부할 게 너무 많은데 오늘 공부한 게 너무 없는 것 같아 좌절했습니다.

이게 바로 대박타점!

어떡하면 인강 들을 때 딴짓을 안 할까 고민하다가 좋은 생각이 떠올랐습니다. 비장한 각오를 하고 컴퓨터 옆에 '딴짓 노트'를 마련해 뒀습니다. 인강 듣다가 딴짓 충동이 생기면 그것들을 노트에 적었습니다. '미니홈피 방명록 확인하기, 운동화 가격 확인하기, 김연아 CF 찾아보기, 공신 사이트 댓글 확인하기' 등을 말입니다. 적어 놓은 딴짓 목록은 인강을 다 들은 다음에 하겠다고 제 자신과 약속했습니다.

'딴짓 노트'에는 세 가지 효과가 있습니다.

① 딴짓을 노트에 적는 것만으로도 딴 짓에 대한 충동을 해소할 수 있습니다.
② '강의 빨리 듣고 하고 싶은 거 해야지' 하는 생각에 강의를 열심히 듣게 됩니다.
③ 딴짓할 것을 적어 놨기 때문에 그것만 얼른 하고 더 이상 옆길로 새는 일 없이 다시 공부할 수 있게 됩니다. 마치 시장 볼 때 목록을 미리 적어 가면 과소비를 안 하게 되는 것과 같습니다.

이게 생각보다 효과가 강력합니다. 왜냐하면 사람이 딴짓을 할 거면 노트에 적지 않고 그냥 하지 노트에 적어 놓고 하지는 않습니다. 바꿔 말해서 딴짓을 노트에 적어 놓은 이상 강의 듣고 있는 중에는 절대로 딴짓을 안 하게 된다는 것입니다. 이렇게 하면 인강 많이 듣고 딴짓 많이 하는 분들은 하루에 두세 시간씩 벌 수 있을 겁니다. 하루에 두세 시간이면 잠이 부족해 피곤한 사람은 잠을 자서 쌩쌩해질 수 있고 놀고 싶은 사람은 영화 한 편 볼 수 있을 것이며 공부하는 사람은 대박을 칠 수 있을 것입니다.

기출 문제 분석 필살기

어떻게 공부하고 있니?

평소에 문제집을 풀 때는 잘 풀리다가도 수능 모의고사만 보면 이상하게 도 문제가 전혀 안 풀리지 않던가요? 그것은 일반 문제집 문제와 수능 모의고사 문제의 스타일이 전혀 다르기 때문입니다. 열심히 공부해도 공부한 것과 전혀 다른 게 나오니까 성적이 안 나오게 되는거죠. 당신은 수능을 잘 보기 위한 공부가 아니라 문제집을 잘 풀기 위한 공부를 해 왔던 겁니다.

수능의 출제 방향을 모르는 채로 공부하면 헛공부입니다. 수능을 보면서도 수능 기출 문제를 열심히 공부하지 않는 학생들이 많습니다. 대체로 겨우 한 번 대충 풀어 보거나 일반 문제집에 군데군데 섞여 있는 걸 풀어 보는 정도입니다. 그러나 수능 보는 사람이 수능 기출 문제를 제대로 풀어 보지 않는다는 건 수능 잘 보기를 포기하는 것과 같습니다. 수능에서 요구하는 사고방식을 알고 난 다음에야 그 사고방식을 기르기 위한 공부 계획을 세울 수 있습니다. 수능에서 어떤 문제들이 나오는지 면밀히 살펴봐야 합니다. 그럼 기출 문제를 풀 때 중요한 점 세 가지를 알려 드리겠습니다.

이게 바로 대박타점!

1. 기출 문제를 풀 때는 기출 문제만 풀어라

식당에서 음식을 팔 때 새 반찬에 헌 반찬을 섞어서 팔면 될까요 안 될까요? 당연히 안 되죠. 마찬가지로 수능 기출 문제를 풀 때 시중 문제집 문제를 섞어서 풀면 될까요 안 될까요? 안 됩니다. 기출 문제를 풀 때 시중 문제집 문제들은 이물질에 불과합니다. 기출 문제를 풀 때 다른 문제를 섞어서 풀면 수능의 경향을 파악하는 데 방해됩니다. 기출 문제를 풀 때 다른 문제집을 병행하지 마세요. 기출 문제를 풀 때는 기출 문제만 정리된 문제집으로 오직 기출 문제만 푸세요. 그래야 수능의 경향을 제대로 파악할 수 있습니다.

여기서 수능 기출 문제를 무작정 푼다고 수능의 경향이 파악되는 것은 아닙니다. 수능 기출 문제를 풀 때 교과서의 어느 부분이 어떤 식으로 출제되었고 문제들끼리 어떻게 연관되고 어떤 풀이 방법이 많이 적용되는지 분석하면서 수능 기출 문제를 푸세요. 수능의 경향을 파악하고 나면 시중 문제집에서 수능과 관련 없는 내용이 얼마나 많은지 보이게 됩니다. 그러면 수능에 불필요한 내용은 공부를 안 할 수 있기 때문에 훨씬 효율적으로 공부할 수 있습니다.

2. 연도순으로 풀지 말고 단원별·분야별로 풀어라

수능 기출 문제를 연도순으로 인쇄해서 푸는 분들이 많습니다. 하지만 수능 기출 문제를 연도순으로 푸는 건 효과적이지 않습니다. 그보다는 단원별·분야별로 정리된 수능 기출 문제집을 푸는 게 훨씬 더 효과적입니다. 행렬 문제를 풀 때는 행렬 단원만 풀어야 '아, 수능에서 행렬은 이런 식으로 문제가 나오는구나. 문제집 행렬하고 어떻게 다르구나' 하고 알 수 있고 현대시를 풀 때는 현대시만 풀어야 '아, 수능에서 현대시는 이런 식으로 문제가 나오는구나. 문제집 현대시하고 어떻게 다르구나' 하고 알 수 있습니다. 김치찌개, 된장찌개를 섞어 먹으면 김치 맛이 뭔지, 된장 맛이 뭔지 알 수가 없겠죠. 그것처럼 기출 문제를 연도순으로 풀면 한 시험지에 여러 단원이 섞여 있어 단원별·분야별로 문제가 어떻게 나오는지 파악하기 힘듭니다. 혹시 이미 연도순으로 풀었으면 단원별·분야별로 처음부터 다시 푸세요.

3. 한 번만 풀지 말고 여러 번 풀어라

컴퓨터에 파일이 있어도 '휴지통'에 들어가 있으면 사용을 할 수 없듯이 어떤 지식이든 알고 있어도 숙달되지 않으면 사용할 수 없습니다. 어떤 지식이든 단순히 알고 있는 정도로는 실전에 아무 쓸모가 없습니다. 적용을 할 수가 있어야지요. 매년 출제되는 수능 문제 대부분은 예전 수능 기출 문제가 변형되어 출제된 것들입니다. 기출 문제를 공부했어도 겨우 한두 번 풀어 본 정도면 수능에서 약간만 변형되어도 무조건 틀립니다. 시간이 지나면 당신의 기출 문제에 대한 지식이 '휴지통'에 들어가 있기 때문입니다. 한두 번 푼 정도로는 실전에 아무 쓸모없습니다. 새로 출제된 수능 문제를 풀기 위해서는 예전에 출제된 수능 기출 문제를 확실히 알고 있어야 합니다. 기출 문제에 대한 지식이 '휴지통'이 아닌 '즐겨찾기'에 들어가 있어야 합니다. 그래야 실전에 쓸모가 있습니다.

그렇다면 지식이 '즐겨찾기'에 들어가기 위해서는 어떻게 해야겠습니까? 당연히 여러분이 즐겨 찾아야 합니다. 수능 기출 문제는 외워질 정도로 여러 번 풀어야 합니다. 기출 문제는 한 번 푼 정도로는 부족합니다. 저는 기출 문제를 열 번 넘게 봤습니다. 장담하건대 수능 때까지 수능 기출 문제 다섯 번 이상 안 푸는 사람은 반드시 망할 겁니다.

실력 강화 필살기

1. 개념 ⇔ 문제

한번 따져 볼까?

탐구영역은 개념만 보면 굉장히 쉽습니다. 그런데 문제를 풀려고 하면 안 풀리죠. 문제를 풀어 보면 개념을 정확히 알고 있던 게 아니라는 걸 깨닫게 됩니다. 그래서 탐구영역은 개념 정리를 할 때도 문제를 조금씩 풀어 봐야 개념을 좀 더 잘 이해할 수 있게 되고 잘못 알고 있던 개념도 바로잡을 수 있게 됩니다. 또한 문제를 풀 때 개념 정리된 것을 계속 읽어야 문제 풀이를 통해 깨달은 것들이 체계적으로 정리됩니다. 개념 정리 복습을 안 하면서 문제만 풀면 문제 풀이를 통해 단편적으로 깨달은 지식들이 정리가 안되고 그 지식을 실전에 적용하지 못합니다. 결국 실력이 안 쌓이는 거지요.

이게 바로 대박타점!

개념을 익힘으로써 문제를 풀 수 있게 되고 문제 풀이를 통해서 개념이 다져지고 다져진 개념은 문제 풀이 능력을 향상시킵니다. 향상된 문제 풀이 능력은 개념을 더욱 발달시키고 더욱 발달된 개념은 어려운 문제를 풀 수 있게 만들어 줍니다. 개념이 문제 풀이 능력을 발달시키고 문제 풀이 능력이 개념을 발달시킵니다. 이게 실력 상승의 패턴이고 성적 상승의 패턴입니다. 그래서 개념과 문제는 항상 병행해야 합니다. '개념을 완벽히 끝내고 문제 풀이로 넘어간다'는 사고방식을 버려야 합니다. 기본 개념은 한 번 정리했다고 끝나는 게 아닙니다. 개념 끝내고 문제 풀이로 넘어가는 게 아니라 문제 풀이를 하면서 개념 정리를 계속 반복해야 합니다. 개념 설명 부분은 문제 풀이를 하면서도 틈틈이 꾸준히 읽어야 합니다. '기본 개념은 언제까지 끝내야 하나요?'라고 질문하는 분들이 많습니다. 기본 개념은 수능 전날까지 계속 복습하세요.

그렇다고 '복습을 많이 하면 시간이 지나치게 많이 걸리지는 않을까' 하며 걱정할 필요는 없습니다. 복습이란 건 전에 공부했던 대로 다시 공부하는 게 아니라 전에 공부했던 게 무엇이었는지 확인하고 기억을 되살리는 정도면 충분하기 때문입니다. 전날 공부한 것을 눈으로 읽어 보는 정도면 되고 미심쩍은 문제만 다시 풀어 보면 됩니다. 또한 빠른 시간 안에 여러 번 복습할수록 시간이 단축됩니다.

2. ㄱ, ㄴ, ㄷ

한번 따져 볼까?

탐구영역에는 〈보기〉의 ㄱ, ㄴ, ㄷ 중에서 옳은 것을 고르는 문제가 많습니다. 만약 ㄱ, ㄴ은 확실히 알지만 ㄷ은 헷갈리는데 운 좋게 찍어서 맞았다고 해 봅시다. 그런데 여기서 맞았다고 그냥 넘어가는 분들이 많습니다. 이렇게 그냥 넘어가면 ㄷ은 계속 모르는 것으로 남으니 실력이 늘지 않습니다. 결국 성적도 안 오르지요.

이게 바로 대박타점!

중요한 건 맞았느냐 틀렸느냐가 아니라 확실히 아느냐 모르느냐입니다. 맞은 문제도 틀렸다고 생각하는 겸손한 자세를 가지세요. 맞았다고 그냥 넘어가지 말고 ㄱ, ㄴ, ㄷ 보기 중에서 헷갈렸던 게 한 가지라도 있다면 철저히 표시하고 이해하고 정리해야 합니다. ㄱ, ㄴ, ㄷ 보기 하나하나가 전부 문제 한 개씩이라고 생각하고 공부하세요. 채점을 한 문제 통째로 하지 말고 ㄱ, ㄴ, ㄷ 보기 하나하나 따로 채점하세요.

시험보기 필살기

1. 어려운 문제집 vs 실전 문제집

퀴즈를 하나 내 볼게요. 개념 공부를 웬만큼 했고 기출 문제도 다 풀었다고 해 봅시다. 그럼 고득점을 위해서는 고난도 문제 풀이를 하는 게 좋을까요 아니면 실전 연습을 하는 게 좋을까요?

의외로 어려운 문제집을 푸는 건 실전에서 별로 도움이 안됩니다. 어려운 문제집일수록 수능 경향에 안 맞는 경우가 많습니다. 문제를 억지로 어렵게 만들다 보니 수능의 경향을 신경 쓰지 못하는 것이지요. 이런 문제집일수록 중요한 개념보다는 사소하고 불필요한 부분을 강조하는 법입니다.

모의고사를 보는 도중에는 죽어도 안 풀리던 문제가 시험 끝나고 나서 풀어 보면 잘 풀리는 경우가 많죠? 여러 가지 요인이 함께 작용하지만 이런 경우 어려워서 못 푸는 것이라기보다는 실전 감각이 부족해서 못 푸는 것입니다. 어려운 시험일수록 '최상 고난이도를 풀어 낼 수 있는 능력'보다도 '중간 고난이도를 짧은 시간에 풀어 낼 수 있는 능력'이 더 중요합니다. 효과적인 고득점의 전략은 '대왕 보스 문제'를 잡아 내는 것이 아니라 '중간 보스 문제'를 많이 잡아 내는 겁니다. '극악 고난이도'는 열심히 공부한다고 해서 풀어 낼 수 있다는 보장도 없고 풀어 낼 실력이 있다고 해도 시간이 부족할 수 있습니다. 게다가 어차피 남들도 다 틀리기 때문에 틀려도 크게 아쉬울 게 없습니다. 또한 탐구영역은 20문제에 시험 시간이 30분이므로 출제자는 각 문제를 1분 30초 안에 풀 수 있게 만들어야 합니다. 따라서 지나치게 어려운 문제를 낼 수가 없습니다.

그렇기 때문에 탐구영역은 어느 과목보다도 시험 보는 실전 감각이 중요한 과목입니다. 어려운 문제집을 죽어라 푸는 것보다도 실전 연습을 많이 하는 게 성적 올리는 데 훨씬 더 효과적입니다. 수능 기출 문제를 다 풀었으면 평가원·교육청 기출 문제를 시간 재며 실전처럼 푸세요. 수능 기출 문제 다음으로 좋은 문제가 평가원·교육청 기출 문제입니다. 불필요한 어려운 문제집을 찾지 말고 평가원·교육청 기출 문제로 실전 연습을 많이 하세요.

2. 보기 문장 신속·정확하게 읽기

탐구영역은 시험 시간이 짧아 1분 30초 안에 한 문제를 풀어야 합니다. 정신없이 풀다 보면 몰라서 틀리기보다는 실수해서 틀리는 경우가 대부분입니다. 또한 한 문제 때문에 몇 등급이 뒤바뀌기도 하기 때문에 실수가 가장 치명적인 과목입니다. 아래 문장을 볼까요?

① A가 B보다 크다.
② A보다 B가 크다.
③ B보다 A가 크다.
④ B가 A보다 크다.

저는 시험 볼 때 이런 문장이 답지에 나올 때 A가 큰지 B가 큰지 헷갈려서 틀렸던 적이 많이 있었습니다. 사실 별거 아닌데 제가 워낙 덤벙대는 데다가 시험 볼 때는 시간이 촉박해서 별별 실수가 다 생기더군요. 그런데 위 문장을 가만히 잘 뜯어 봅시다.

① A가 B보다 크다. → A가 B보다 크다. → A가 크다.

② A보다 B가 크다. → A보다 B가 크다. → B가 크다.

③ B보다 A가 크다. → B보다 A가 크다. → A가 크다.

④ B가 A보다 크다. → B가 A보다 크다. → B가 크다.

위에 보면 '…보다' 부분은 문장을 이해하는 데 별로 필요한 성분이 아니라는 걸 알 수 있습니다. 그래서 저는 '…보다' 부분은 아예 지우면서 답지를 읽었습니다. 실수 많이 하는 분들은 한번 써먹어 보세요. 그러면 위와 같은 문장을 잘못 읽어서 실수하는 일은 없을 것입니다.

위의 실험 결과로부터 추론한 것 중 옳은 것을 〈보기〉에서 모두 고른 것은? [1점]

<보기>

ㄱ. 금속의 반응성은 A가 B보다 작다.

ㄴ. 금속의 반응성은 C가 A보다 크다.

ㄷ. 금속 B와 물이 반응하여 발생한 기체는 수소이다.

① ㄱ　　　② ㄴ　　　③ ㄱ, ㄴ　　　④ ㄱ, ㄷ　　　⑤ ㄴ, ㄷ

위 실험으로부터 알 수 있는 내용으로 옳은 것은?

① 구리는 철보다 양이온으로 되기가 쉬운 금속이다.

② 공기 중에서 금속 A는 구리보다 빨리 산화된다.

③ 금속 A를 $FeCl_2$ 수용액에 넣으면 반응이 일어나지 않는다.

④ 금속 A는 철의 산화를 막기 위한 도금 재료로 쓸 수 없다.

⑤ 철 제품에 구리 선을 연결하면 철이 녹스는 것을 막을 수 있다.

수능 탐구영역 명품 공부 계획

세 과목을 한꺼번에 공부하지 말고 한 과목씩 몰입하며 공부!

대부분 선택한 탐구영역 세 과목 진도를 동시에 한꺼번에 나가려 합니다. 이렇게 진도를 빼는 건 안 좋은 점이 많습니다.

첫째, 여러 과목 진도를 동시에 한꺼번에 나가려고 하면 공부 계획이 복잡해집니다. 공부 계획이 복잡하면 공부 능률이 떨어지는 데다 계획도 잘 안 지켜집니다.

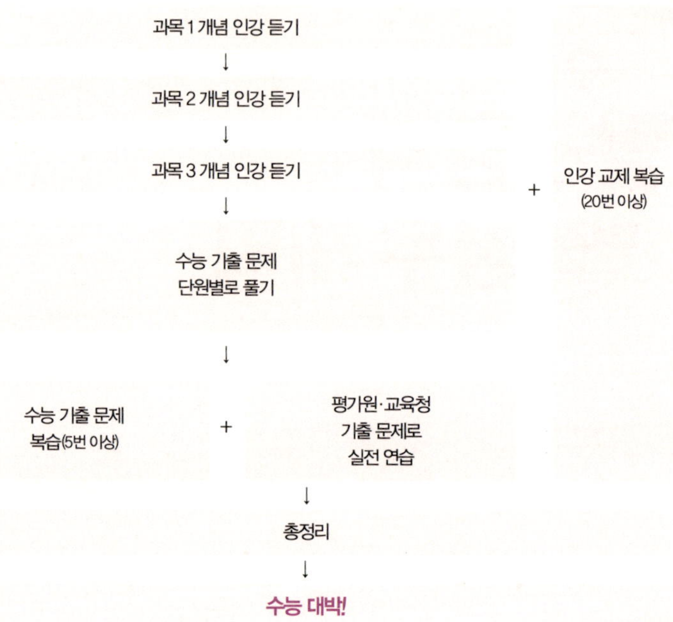

둘째, 한 과목 진도 빼는 데 시간이 오래 걸립니다. 진도 빼는 데 몇 달 걸리면 뒷부분을 공부할 때쯤 앞부분은 기억이 잘 나지 않게 됩니다. 앞부분의 기초적인 지식을 모른 채로 뒷부분을 공부하다 보니 뒤로 갈수록 이해를 잘 못하게 됩니다. 진도는 무조건 빨리 빼야 합니다(chapter 1의 '진도 빼기 필살기' 참고).

잘못된 방법	[물리 I] & [화학 I] & [생물 II] 동시에 병행
올바른 방법	[물리 I 집중적 공부] → [화학 I 집중적 공부] → [생물 II 집중적 공부]

셋째, 몰입의 효과가 없어집니다. 탐구영역 세 과목을 한꺼번에 공부 하느라 시간을 질질 끌면서 공부하는 것보다 한 번에 한 과목씩 몰입해서 공부하는 것이 종합적으로는 같은 시간 동안 같은 양을 공부했어도 훨씬 더 실력이 많이 늡니다. 한 과목에 몰입하면서 얻어지는 +α 효과가 있기 때문입니다. 한 번에 한 과목만 함으로써 그 과목에 대해 좀 더 깊게 생각하게 되고 단원끼리 어떻게 연결이 되는지도 생각하게 되고 전체적인 흐름도 이해하게 됩니다. 세 과목을 한꺼번에 공부하는 것보다 한 과목씩 몰입하며 공부하는 게 훨씬 유리합니다.

Step 1. 인터넷 강의로 한 과목씩 진도 나가기

처음에는 인터넷 강의로 개념을 익히는 것이 좋습니다. 이때 여러 과목의 인터넷 강의를 한꺼번에 듣지 말고 앞에서 말씀드린 것처럼 한 번에

부실한 방법	[물리 I 집중적 공부] →[화학 I 집중적 공부] →[생물 II 집중적 공부]
확실한 방법	[물리 I 집중적 공부] →[화학 I 집중적 공부]+[물리 I 틈틈이 복습] →[생물 II 집중적 공부]+[화학 I 틈틈이 복습]+[물리 I 틈틈이 복습]

한 과목씩 들으세요. 여기서 주의해야 할 점이 있습니다. 한 과목씩 끝내고 다음 과목으로 넘어갈 때 전에 해 놓은 과목을 잊어버리지 않도록 복습을 병행하세요. 시간이 지나면 공부한 것을 점점 잊어버리게 됩니다. 그래서 공부한 것을 유지하기 위한 공부도 해야 하는데 그게 바로 복습입니다. 복습도 없이 진도만 계속 나가면 강의 들을 당시에는 다 아는 것 같아도 나중에 다시 보면 하나도 기억이 안 납니다.

Step 2. 수능 기출 문제 단원별로 풀기

기본 개념을 공부했으면 그다음에는 수능 기출 문제를 단원별로 푸세요. 이때도 여러 과목의 기출 문제를 동시에 병행하는 것이 아니라 한 번에 한 과목씩 푸세요. 기출 문제를 풀면서도 수강했던 기본 개념 인터넷 강의 교재를 계속 복습해야 합니다. 수능 기출 문제와 기본 개념을 계속 비교해 보면서 기본 개념에서 주로 어느 부분이 어떻게 수능에 출제되어 왔는지, 문제가 주로 어디서 출제되어 왔는지 분석하세요. 또 문제 풀면서 터득한 것들을 기본 개념 교재에 필기해 놓으세요. 그걸 계속 복습하면 응용력이 점점 향상됩니다.

마지막 단계는 평가원·교육청 기출 문제로 실전 연습을 하는 겁니다. 여기서는 실전 감각을 익히는 것이 중요하니 수능 때 여러 과목을 하루 동안에 시험 보는 것처럼 여러 과목을 하루 동안에 함께 공부하는 게 좋습니다. 또한 수능 기출 문제와 기본 개념 교재를 계속 복습하세요. 수능 기출 문제와 평가원·교육청 기출 문제의 차이점을 비교해 보세요. 그리고 여기서도 문제 풀면서 터득한 것들을 기본 개념 교재에 필기해 놓고 복습하고요. 그리고 수능 전까지 공부했던 모든 교재를 복습합니다.

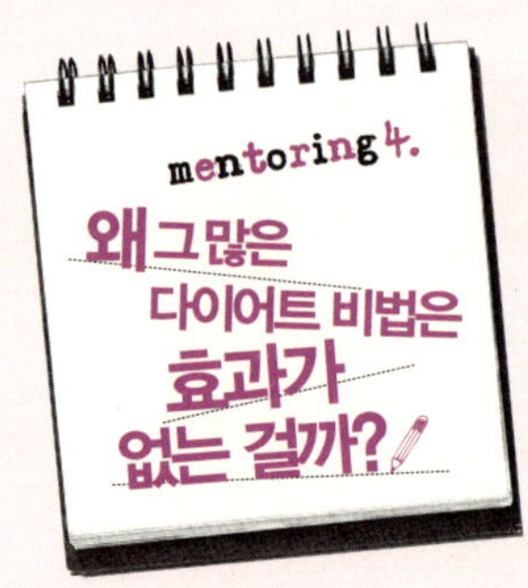

황제 다이어트

덴마크 다이어트

벌꿀 다이어트

두부 다이어트

바나나 다이어트

정말 많은 다이어트 비법이 있습니다. 그 다이어트 비법마다 기적적인 성공 사례들이 있습니다. 그런데 이상하죠? 왜 같은 다이어트 비법으로 많은 사람들이 도전하는데 대부분 실패하는 걸까요? 다이어트 비법에 어떤 문제가 있는 걸까요? 아니면 다이어트 비법을 시도하는 사람들에게 어떤 문제가 있는 걸까요??

황제 다이어트를 하는 사람의 심리를 생각해 봅시다.

'굶기 싫어. 맛있는 거 먹고 싶어. 그러면서 살은 빼고 싶어. 살을 편하게 빼고 싶어. 뭔가 좋은 방법이 없을까?'

사실 우리는 살을 빼는 방법을 처음부터 알고 있었습니다. 적게 먹고 많이 움직이면 됩니다. 그럼에도 불구하고 자꾸 새로운 방법을 찾습니다. 적게 먹고 많이 움직이기 싫으니까요. 그게 괴로우니까요. 그래서 비법을 위안 삼아 적게 먹지도 않고 많이 움직이지도 않습니다. 많이 먹고 적게 움직입니다. 적게 먹지도 않고 많이 움직이지도 않으므로 어떤 비법을 써도 살이 빠지지 않습니다. '황제 다이어트'를 하는 사람들이 살을 못 빼는 이유를 한마디로 표현하면 바로 이겁니다.

'고통을 감내할 생각이 없다.'

물건을 아래쪽에서 위쪽으로 들어 올리려면 어떤 형태로든 반드시 그만큼의 에너지가 필요하듯이 이 세상 어떤 일이든 안 좋은 상태에서 좋은 상태로 변화하려면 반드시 그만큼의 고통이 따릅니다. 저는 그 많은 다이어트 비법이 다 필요 없다고 말하는 게 아닙니다. 다만 그 비법들이 작동하려면 먼저 나의 고통을 연료로 집어넣어야만 한다는 겁니다. 그래야 비로소 변화는 일어나기 시작합니다. 살을 쉽게 빼고 싶다는 생각을 버리고 그저 적게 먹고 많이 움직이는 고통을 받아들이세요. 이게 단지 살 빼는 데에만 해당되는 말이 아니라는 거 아시겠지요? 여기 있는 수많은 공부법들은 먼저 당신이 고통을 받아들일 때 당신을 돕기 시작합니다. 공부를 하든, 피아노를 치든, 요리를 하든, 운동을 하든 마찬가집니다. 예전에 힘들어하던 친한 동생이 제게 상담을 한 적이 있습니다.

친한 동생: 열심히 하려는데 마음이 너무 괴로워서 못하겠어요. 괴로움만 떨쳐내면 어떻게든 열심히 할 수 있을 것 같은데 그게 정말 안 돼요, 형.

김지석 공신: 괴로움을 떨쳐내려 하지 말고 더 괴로워지도록 노력해 봐. 네가 원하는 걸 이루고 싶은 이상 그만큼의 괴로움은 절대 피할 수 없어. 피할 수 없는 걸 피하려고 하니 더더욱 괴롭기만 한 거야. 괴로움이 또 다른 괴로움을 부르고 그 괴로움들을 피할 수 없다는 것조차 괴로워하니까. 차라리 괴로움을 받아들이고 나면 딱 그만큼의 괴로움만 겪으면 돼. 괴로움이 없는 상태에서 신 나게 노력하는 건 치열함이 아니야. 그건 아무것도 아니야. 괴로움을 짊어지고 절망 반 희망 반으로 한 걸음씩 내딛는 게 치열함이지.

그런데 꼭 그렇게까지 노력해야 할까요? 뭔가 이루는 게 고통스러울 뿐이라면 왜 이뤄야 할까요? 그냥 다 포기하는 게 더 즐겁지 않을까요? 내가 당장 할 수 있는 것들 중에서 제일 재미있는 걸 하며 시간 때우는 게 더 낫지 않나요?

저는 많은 학생들을 만나 상담을 해 봤습니다. 그중 게임에 중독된 학생들도 몇몇 만나 봤습니다. 그 학생들은 말 그대로 매 순간 제일 재미있는 걸 하고 있었습니다. 하지만 그 학생들은 너무나 괴로워하고 있었습니다. 자기도 게임을 끊고 싶어 미치겠는데 끊을 수가 없다는 것이었습니다. 마약 중독자들도 이렇게 얘기합니다. 마약을 끊고 싶어 미치겠는데 끊을 수가 없다. 왜냐? 그것이 재미있으니까. 자기 욕망을 채우며 사는 데도 불구하고 그들은 스스로의 삶을 불행하다고 느낍니다. 왜 그럴까요? 인간은 단순하지 않습니다. 욕망 또한 단순하지 않습니다. 이것은 마치 목마른 자가 소금물을 마시는 것과 같습니다. 목마름을 채우기 위해 소금물을 마시면 그때그때 욕망을 충족시켜 즐거워도 더 큰 욕망과 괴로움을 만들어 냅니다. 왜 그럴까요? 소금물을 마시고 싶다는 건 착각이었을 뿐 소금물을 마시는 것은 진짜 사기 욕망이 아니기 때문입니다. 당신의 욕망은 소금물을 마시는 게 아닙니다. 착각입니다. 당신의 욕망은 따로 있습니다. 노벨 문학상을 받은 헤르만 헤세는 『데미안』에서 이렇게 적었습니다.

모든 사람들에게 있어서 진실한 직분은 다만 한 가지였다. 즉, 자기 자신에게로 가는 것!

이 말에 어떤 의미가 있는 걸까요? 저는 이렇게 생각합니다. 당신 안에는 지금보다 훨씬 강하고 아름다운 자기 자신이 들어 있습니다. 지금은 그 사람을 만나러 가야 하는 시간입니다. 그 사람을 만나서 그 사람 본인이 되는 것만이 당신의 진정한 욕망입니다. 그 이외의 것은 어떤 것도 당신의 욕망이 아닙니다. 스스로의 삶을 긍정하고 충만한 삶을 살았던 사람들은 재미있게 시간을 보내며 웃고 지냈던 사람들이기보다는 오히려 혹독한 길을 걸으며 눈물을 흘리던 사람들입니다. 재밌는 과정이 파멸에 도달하고 괴로운 과정이 희열로 도달하기도 합니다. 물론 괴롭다고 해서 희열에 도달하고 재미있다고 해서 파멸에 도달하는 건 아닙니다. 재미있는 건 아무것도 하지 말라는 얘기도 아닙니다. 당연히 삶이 즐거워야 하고 재미있는 것도 중요합니다. 다만 당신을 성장시키는 시련은 소중하고 감사한 것이고 그런 시련을 만났을 때 수반되는 괴로움을 감사히 받아들이자는 것입니다. 그 괴로움들은 결코 당신의 삶을 불행하게 만들지 않으며 당신에게 감동적인 희열을 느끼게 할 것입니다.

사람이 왜 고통 속에서 행복한지, 왜 쾌락 속에서 괴로운지, 왜 이렇게 어렵게 만들어져 있는지 저는 알지 못합니다. 다만 자연스럽게 그러하다는 생각이 듭니다. 이 순간을 치열하게 보내길 바랍니다. 저는 당신이 지금 이 순간 진정한 자기 자신에게 다가가고 있길 기원합니다. 제가 항상 당신을 응원하겠습니다.

"꿈을 가지라고요?
꿈을 어떻게 갖는 건지 모르겠는데요?"

어른들이 말합니다.

"꿈을 가져라! 꿈이 있는 사람이 성공한다."

그런데 꿈은 대체 어떻게 갖는 건가요(G마켓에서 주문해서 가지면 되는 건가요)? 흔히들 이렇게 생각을 하죠.

내 적성에 꼭 맞는 직업이 있을 것이다. 그 직업이 수입이 높든 낮든, 브라질에 있든 독일에 있든 어딘가에 있을 것이다. 나는 그 직업을 찾아야 한다!

그렇다면 우리 한번 꿈을 꿔 볼까요? 이런 꿈을 꿔 보죠.

문득 잠에서 깨어나면 지금까지 나의 삶은 모두 꿈이었고 알고 봤더니 진짜 나는 빌 게이츠입니다. 그런데 중요한 건 내가 빌 게이츠로 태어났는데 지금이…… 조선 시대입니다!

IT 업계의 최강자 빌 게이츠…… 어서 마이크로소프트를 창립하고 윈도우를 만들어야 하는데 시대가 조선 시대라 컴퓨터가 없습니다(조선 시대에는 조선 컴도 없습니다). 그러면 조선 시대에 태어난 빌 게이츠에게 적성에 맞는 직업이 있는 걸까요?

조선 시대에 태어난 빌 게이츠는 뭘 하면 좋을까요? 조선 시대에 태어난 빌 게이츠는 뭘 하게 될까요? 적성에 맞는 직업이 없는 걸 한탄하며 주막에 가서 '주모, 소주나 주시오' 하고 주정뱅이 폐인이 됐을까요? 전 그렇지 않을 거라 생각합니다. 빌 게이츠라면 꼭 컴퓨터 관련 일이 아니더라도 다른 무언가를 했을 거라 생각합니다. 놀라운 무언가를 했을 거라 생각합니다. 시를 썼든, 장군이 됐든, 역모를 일으켜 삼족이 멸하여졌든 놀라운 무언가를 했을 거라 생각합니다. 애시당초 무엇을 해야 하는지는 중요하지 않으니까요. 중요한 건 '무엇을 하느냐'가 아니라 '어떻게 하느냐'이니까요. 무엇을 하든지 간에 빌 게이츠 스타일대로 하면 되죠. 중요한 건 스타일입니다.

그럼 이제 꿈에서 깨어나 볼까요. 당신은 빌 게이츠가 아닙니다. 당신은 자기 자신입니다. 당신 적성에 맞는 직업이 세상에 없을지도 모릅니다.

 요리사가 되도 좋고 암벽 등반가가 되도 좋습
니다. 중요한 건 '어떤 요리사가 되느냐'죠. 같은 요리사이더라도 흔해 빠
진 김치찌개를 끓이는 요리사인지, 아니면 장인 정신을 가진 요리의 대가
(大家)인지는 전혀 다릅니다.

제가 몇 년 전에 상담해 줬던 후배가 있습니다. 그 후배는 진로 고민이
굉장히 많았습니다. 그 후배가 2년 정도 지난 뒤에 또 찾아왔습니다. 그
후배는 여전히 똑같은 고민을 하고 있었습니다. 그때 저는 깨달았습니다.

꿈 고민은 1000년을 해도 10원도 안 나온다.

고민해 봤자 나오는 건 아무것도 없습니다. 그래서 이효리가 뭐라고 했
나요? 이효리가 뭐라고 했어요? "고민 고민하지 마!"라고 하지 않았습니
까! 그래요. 고민하지 마세요. 적성에 가장 안 맞는 거 해도 됩니다. 수영
선수 박태환이 그랬다고 하더군요. 박태환은 원래 폐가 많이 안 좋았다고
합니다(천식이 있었다고 합니다). 수영을 시작한 것도 폐가 안 좋아서라고 하
더군요. 그런데 수영 선수들이 호흡의 대마왕들 아닙니까. 인간으로서 물
속에서 아가미 호흡을 해야 하는데 폐가 안 좋은 박태환은 수영이 적성에
는 안 맞는 거 아니었나요? 영화배우 브루스 윌리스도 그랬다고 합니다.
브루스 윌리스는 할리우드의 대표적인 액션 영화배우죠. 그는 원래 수줍

음이 많고 너무 소심해서 사람들 앞에만 서면 말을 더듬었다고 합니다. 그런 자기 성격을 고치기 위해 연극을 시작했다고 합니다. 소심한 브루스 윌리스는 액션 연기가 적성에 안 맞는 거 아니었나요?

당신의 적성 때문에 고민하고 있을 필요 없습니다. 흔히 '고민 끝에 신중히 진로를 결정하고 그다음에 열심히 노력하자'라고 생각하는데 그게 아니라 '그냥 열심히 하다 보면 저절로 진로가 정해지는 것'입니다. 열심히 해 본 게 없으면 아무리 고민해도 앞으로 무엇을 열심히 해야 할지 알 수 없습니다. 열심히 해 본 게 많으면 고민하지 않아도 앞으로 무엇을 열심히 해야 할지 알 수 있습니다. 저는 당신이 지금 이 순간을 치열하게 보내길 기원합니다. 뭔가를 열심히 하고 있길 바랍니다. 열심히 하는 게 꼭 공부일 필요는 없습니다. 그저 노력하는 시간이길 바랍니다. 꿈은 미래의 당신의 직업이 아닙니다. 꿈은 현재의 당신의 열정적인 행동입니다.

"공부하기 싫어! 이걸 언제 다 해!"

공부에 의욕을 갖는다는 게 어렵습니다.

초등학교 6년, 중학교 3년, 고등학교 3년. 이 12년 동안 공부에 가장 의욕이 없을 때가 언제인지 아시나요?

보고 싶은 TV프로그램 할 때?

자정에 웹툰 올라올 때?

친구가 놀자고 할 때?

게임하고 싶을 때?

제 생각에는 수능 1주일 전입니다. 대부분 그때 제일 공부에 의욕이 없습니다. 이상하죠? 언뜻 생각하기에는 그때 가장 열심히 공부를 열심히 할 것 같은데 말이죠. 이해가 잘 안되면 저번 수학 기말 고사 보기 5분 전의 교실 분위기를 떠올려 보세요. 주로 '망했다'며 야단법석 떨기 바쁘지 않나요? 그 전날에는 '내가 하루만 더 있었으면 진짜 열심히 할 텐데' 하며 빈둥거리다가 마침내 종말의 날(?)이 다가오면 광란의 웃음기를 흘리며 친구들과 날뜁니다. 기말고사가 그 정도입니다. 수능 때는 훨씬 더합니다.

대체 왜 우리는 가장 공부해야 할 순간에 가장 공부하기 싫어할까요? 그것은 바로 잘해야 한다는 압박감 때문입니다. 수능은 12년 동안 공부한 것을 한순간에 평가합니다. 1년 동안 공부(하는 척)를 했어도 성적이 오르지 않았는데 이제 와서 1주일 공부한다고 시험을 잘 볼 수 있을 것 같진 않으니까 현실을 받아들이지 못하고 정신줄을 놓고 맙니다. 제가 예전에 수능을 1주일 앞둔 후배를 만났습니다. 그 후배는 역시나 정신줄을 놓고 망연자실 놓고 있었습니다.

정신줄 후배 : 형, 지금 공부 해 봤자 뭐해요.

김지석 공신 : 너 인마! 수능 잘 보기를 바라지 마! 망해 버려!

정신줄 후배 : 넹?!?!?!?!?!?!?!

김지석 공신 : 너는 지금 수능 잘 보기를 바라면 안 돼. 왜냐? 네가 바라야 할 것은 따로 있어. 솔직히 지금 열심히 한다고 시험 잘 본다는 보장은

절대 없어. 남은 기간 공부를 하든 안 하든 비슷할 가능성이 크지. 어떤 노력을 해도 결과를 보장하지 못해. 열심히 해서 절정 내공을 쌓았는데 수능 날 교통사고가 날 수도 있고, 식중독에 걸릴 수도 있고, 계단에서 굴러서 다리가 부러질 수도 있어. 사고가 딱히 사람 사정 봐 주면서 날짜를 가려서 오지 않아. 그런 사고는 언제든지 일어날 수 있고 그게 수능 날일 수도 있어. 그나마 공부는 정직한 편이지. 잘해 보려고 노력한 것 때문에 오히려 더 크게 실패할 수 있어. 차라리 처음부터 아무것도 안 하는 게 더 나았을 때도 있어.

하지만 그래도 괜찮아. 열심히 노력해 놓고 좋은 성적표 못 얻어도 괜찮다고. 왜냐? 너는 열심히 하는 너 자신을 얻을 수 있는 거잖아. 인간은 결과 앞에선 무력하지. 하지만 인간은 과정 앞에선 무적이지. 과정만큼은 네 맘대로 할 수 있잖아. 무력하게 네 주위 상황이 나아지기만 바라며 불평하지 말고 너 자신이 보다 나은 사람이 되길 바라며 무적이 돼라. 상황이 안 좋아도 그것을 통해 네가 성장하면 좋은 것이고 네가 성장하기 위해서라면 상황을 안 좋게 만들어도 된다. 단지 네가 지금 열심히 할 수 있는 인간이 되기만을 바라라.

별건 아니지만 제 이야기를 조금 할게요. 제가 대학에 들어와서 수학 시험을 보기 10분 전의 일입니다(제가 수학교육과이거든요). 시험 보기 10분 전의 강의실은 고등학교 때와 다를 바 없이 절망감에 휘말린 친구들이 광란의 웃음기를 흘리며 날뛰고 있었습니다. 놀랍게도 서울대라고 해서 다르지 않습니다(진짜예요).

저는 책을 펴고 몇몇 문제에다 동그라미를 치고 있었습니다. 옆에서 보던 친구가 물었습니다.

"너 왜 동그라미를 치냐?"

제가 대답했습니다.

"이제 공부하려고."

친구가 어이없어하며 광란의 웃음기를 흘리는 다른 친구들이 있는 쪽으로 다시 날뛰며 가 버렸습니다. 친구의 눈에는 시험이 10분도 안 남은 상태에서 수학을(그것도 대학교 수학을), 그것도 복습도 아니고 이제 처음 공부한다는 것이 헛수고로 보였던 것 같습니다. 남은 10분 동안 공부했습니다. 시험지를 받자마자 일단 진체적으로 훑어봤습니다. 아까 10분 동안 봤던 문제가 그대로 시험에 나왔습니다. 저는 풀이법을 까먹기 전에 잽싸게 그 문제부터 풀었습니다. 한 문제를 건졌습니다. 대학교 시험은 문제 수가 적습니다. 그때 시험이 일곱 문제였던 걸로 기억합니다. 한 문제가 상당히 크죠. 하지만 내가 10분 동안 공부했던 게 시험에 안 나왔어도 상관없습니다. 처음부터 시험을 잘 보기 위해 공부했던 게 아니니까요. 아무렴 어떠냐 싶었습니다. 다만 저는 시험 10분 남은 상태에서 뭘 하는 게 내가 보다 나은 인간이 되는 일일까 생각했고 시험 직전에는 시험공부를 하는 것이 마땅하다고 생각했습니다.

시험 직전 10분에 공부하는 게 힘든가요? 힘듭니다. 시험을 잘 보기 위해 공부한다면 힘듭니다. 10분 공부한다고 성적이 오르리란 보장이 없으니까요. 하지만 쉽습니다. 시험을 잘 보기 위해서가 아니라 자기 자신이 보다 나은 사람이 되기 위해 공부한다면 쉽습니다. 10시간 공부하는 것도 아니고 겨우 10분 공부하는 것일 뿐인걸요. 남들 엄청 잘하고 있을 때 쉬운 것도 못하는 내가 초라해서 싫을 때가 있습니다. 남들 엄청 많이 해 났을 때 이제야 책을 펴는 내가 한심해서 싫을 때가 있습니다. 아무것도 하기 싫을 때가 있습니다. 그럴 때 나는 마음을 다잡고 내가 잘하기를 바라지 않고 내가 열심히 하기를 바랍니다.

나는 당신에게 꼭 공부를 열심히 하라는 게 아닙니다. 다만 나는 공부가 아닌 무엇이 됐든 당신이 하고자 하는 일을 열심히 할 수 있는 사람이길 바랍니다. 당신 안에는 지금보다 훨씬 강하고 아름다운 자기 자신이 들어 있습니다. 지금은 그 사람을 만나러 가야 하는 시간입니다. 저는 당신이 지금 이 순간 자기 자신에게 다가가고 있길 기원합니다.

제가 항상 당신을 응원하겠습니다.

대박이란?

　　당신은 대박을 원할 겁니다. 지금 이 성적대로 대학에 가고 싶지 않을 겁니다. 하지만 대박은 시험 당일에 터지는 게 아닙니다. 대박은 당신이 매일매일 터트려 나가야 하는 겁니다. 시험 날 대박을 터트리기 이전에 당신의 하루하루가 대박스러워야 합니다.

　　"이야, 나 오늘 15시간 공부했어. 나 오늘 정말 대박이었어."

　　이렇게 매일매일 대박을 터트릴 때 시험 날 대박이 터집니다. 이 순간을 치열하게 보내세요. 단 1초도 낭비하지 말고 매 순간을 투지로 불태우세요. 그리고 실천하세요. 그렇게 한다면 이 책을 읽은 바로 이날이 당신의 수험 생활에서 최대의 대박타점(大博打點)이 될 것입니다.

gongs!n

멘토가 되어줄게요. 당신은 혼자가 아닙니다!

"빈부와 지역에 상관없이 누구나 공부를 통해 꿈꾸고 그 꿈을 이룰 수 있게 한다"
이것이 공신의 비전입니다

21만 명의 선택!

- 고민을 들어주는 **고 민 남**
- 언제 어디서나 **공 신 어 플**
- 자기주도 학습법 **인 터 넷 강 의**
- 현장 멘토링 **공 신 과 의 만 남**
- 친형 같은 **고 민 상 담**
- 현장 체험 **공 신 강 연 회**

www.gongsin.com